拥有悠久的历史、璀璨的文明，这是我们两个国家的共通之处。我们对于时间的理解，不是以十年、百年为计，而是以百年、千年为计。我们要发扬悠久的历史文化传统，传承两大文明的友好交往，在历史的积淀中前行。

——习近平主席在意大利返还文物活动上的讲话

回归之路

新中国成立
七十周年
流失文物回归成果展

国家文物局 编

文物出版社

展览主办单位

中华人民共和国文化和旅游部　中华人民共和国国家文物局

展览承办单位

中国国家博物馆　中国文物交流中心

协办单位

故宫博物院	中国国家图书馆
北京鲁迅博物馆	北京市文物局
北京市颐和园管理处	保利艺术博物馆
上海市文物管理局	上海博物馆
天津市文物局	大沽口炮台遗址博物馆
陕西省文物局	陕西历史博物馆
甘肃省文物局	甘肃省博物馆
河南省文物局	龙门石窟研究院
山东省文物局	山东博物馆
山西省文物局	山西博物院
湖南省文物局	湖南省博物馆
浙江省文物局	浙江省博物馆
广东省文物局	广东民间工艺博物馆
海南省文物局	海南省博物馆
中国（海南）南海博物馆	

鸣谢单位

中央档案馆	中央广播电视总台
中央新闻纪录电影制片厂	中国政法大学
中国文化报社	中国文物报社
山东大学历史文化学院	北京数字圆明科技文化有限公司
北京市海淀区圆明园管理处	

展览总策划　刘玉珠

展览总协调　关　强

展 览 总 监　罗　静

展 览 统 筹　谭　平　刘万鸣　赵古山

展 览 监 制　邓　超　金瑞国　周　明

展 览 策 划　吴　旻　颜子超　邵明杰

中国文物交流中心展览工作组

钱　卫　李天凯　孙小兵　孙　鹏　王卓然
王宣懿　陈　昀　姚毅夫　陈曦萌　樵馨蕊

中国国家博物馆展览工作组

江　琳　刘月兰　成小林　赵　永　余晓洁
杨莹露　郭家瑞

致辞

国家文物局局长 刘玉珠

"文运与国运相牵，文脉与国脉相连。"文物见证历史、承载记忆、传承文明，是铸就文化自信的深沉底色，是维系民族精神的坚韧纽带。流失海外的中国文物是我国文化遗产不可分割的组成部分，文物的流散回归，不仅与国家的治乱兴衰息息相关，更紧紧牵动着所有中华儿女的心弦。

七十年来，党和政府高度重视流失文物回归工作，通过执法合作、司法诉讼、协商捐赠、抢救征集等方式，共促成 300 余批次 15 万余件流失海外中国文物回归。

新中国成立伊始，党和政府就把遏制文物流失、抢救珍贵国宝提上重要议程，建章立制，革弊振颓，迅速扭转鸦片战争以来文物大量流失的状况，开启了流失文物回归的恢宏篇章。

改革开放后，我国文物事业迅速步入法制化、专业化、国际化发展的快车道，逐步探索形成了外交谈判、执法合作、民事诉讼等流失文物追索返还有效途径，我国流失文物追索返还工作国际影响力日益提升。

党的"十八大"以来，在习近平新时代中国特色社会主义思想引领下，我国流失文物追索返还工作进入了全方位发展、多层次提高的崭新阶段，文物追索返还国际合作不断扩展深化，文物返还"中国声音"显著提高，文物回归"中国实践"广受瞩目，流失文物回归取得突破性成就。

为了全面展现我国流失文物回归工作成果，文化和旅游部、国家文物局举办"回归之路——新中国成立七十周年流失文物回归成果展"，精心遴选了 25 个具有代表性的文物回归案例，统筹调集归藏于全国 12 个省市、18 家文博单位的 600 余件珍贵文物，展示介绍众多文物回归背后的历史背景与曲折历程，勾勒描绘七十载流失文物回归之路的壮丽图卷。

每一件文物的归来，都凝聚着中华民族坚韧不拔、百折不挠的民族精神，激昂着中华儿女守护根脉、砥砺奋进的磅礴力量，见证我们昂首阔步、走向明天的豪迈信心。我们深知，文物追索路漫漫，遏制文物犯罪任更艰。我们希望通过这次展览，能让大家切身感受七十年来国家崛起的脚步、民族奋进的鼓点，激励中华儿女紧密团结在以习近平总书记为核心的党中央周围，为实现中华民族伟大复兴的中国梦而努力奋斗！

目录

　　这是一条回归之路。

　　这也是一条中华民族梦圆之路。

　　中华文明延绵五千年，孕育创造的璀璨文物，是中华民族根魂所寄、中华儿女精神所系。晚清以降，列强东顾，国力衰微，山河破碎，大量珍贵文物惨遭劫掠、倒卖、走私，如游子飘零、流散他乡，成为国人心中难以抚平的伤痛、无时或忘的惦念、梦牵魂绕的等候。彼时散去，那每一件文物所担负的，又何尝不是时代之重、民族之殇？

　　中华人民共和国成立后，中国共产党和站起来的中国人民，未曾忘却祖国流散飘零的文化遗产。新中国成立伊始，中央人民政府建章立制、严控国门，迅速扭转珍贵文物流失局面；改革开放以来，实践创新，合作共赢，摸索探寻文物回归可行路径；进入新时代，布局谋篇，大国外交，拓展塑造文物追索返还新格局。七十年不懈努力，党和政府成功促成 300 余批次 15 万余件流失文物回归。今朝归来，这每一件文物所书写的，又何尝不是复兴之路、中国之梦？

　　七十年回溯，中华民族从屈辱危亡走向伟大复兴的历史脚步，成就了流失文物从颠沛散失到盛世重光的命运变迁。七十年回溯，中国共产党传承中华民族优秀传统文化的不变初心，各级人民政府保护祖国文化遗产免遭侵害的坚定决心，亿万中华儿女守护民族根脉的爱国之心，始终是推动流失文物回归的最根本力量。七十年回溯，流失文物从昔往今归、殊途同归到四海归心的回归之路，见证的，正是中华民族从站起来、富起来走向强起来的伟大历程。

　　谨以此展，献给中华人民共和国七十周年华诞！

圆明梦归

　　19 世纪中叶，列强的坚船利炮，震破了晚清朝廷天朝上国的迷梦。1860 年英法联军攻陷北京，万园之园付之一炬，珍贵文物被掠西去。此后中国，江山萧瑟、生灵涂炭。礼器、典籍、雕塑、壁画……大量文物由于战争劫掠、文化掠夺、非法贸易而漂泊异乡。一件件失去了尊严与荣光的珍宝，在颠沛流离中记录着令人唏嘘的往事，在百转千回里顾盼着魂牵梦绕的家园，也牵动着万千国人的心弦。

　　20 世纪 80 年代以来，包括圆明园兽首在内的我国流失文物陆续现身海外，国际拍卖企业屡屡高价渔利，国人强烈愤慨谴责，国际舆论广泛关注，文物回归面临重重障碍。一念在兹，万山无阻，克艰克难，荣归故土。中国政府始终以坚定的决心推进文物回归，从牛首、虎首、猴首的国企竞拍，到马首、猪首的华商捐赠，再到鼠首、兔首的外国友人返还，圆明园兽首从星散到重聚，辗转走过的，正是一条中国流失文物回归之路。

圆明园海晏堂前十二生肖喷泉复原图

圆明园兽首铜像原为圆明园海晏堂十二生肖喷泉构件，1860 年英法联军劫掠圆明园后流失海外。兽首由清乾隆年间西洋画师设计，中国宫廷匠师制造，融合东西方文化特色，形态逼真，表现细腻，展现出较高的工艺水准。它的回归启示我们：民族弱则文物失，国运强则文化兴。

兽首以中国传统的十二生肖为原型，共计 12 尊，呈"八"字排开，南面依次为子鼠、寅虎、辰龙、午马、申猴、戌狗，北面依次为丑牛、卯兔、巳蛇、未羊、酉鸡、亥猪，每种动物按照各自所属时辰喷水，具有报时功能。每一兽首人身像手持不同器物，身着石刻袍服。

圆明园马首铜像

清代
长 40.7、宽 28、高 39.3 厘米
何鸿燊先生捐赠
北京市圆明园管理处藏

圆明园马首铜像，为清代圆明园长春园西洋楼建筑群海晏堂外十二生肖兽首喷泉主要构件之一。1860 年英法联军侵入北京，圆明园惨遭劫掠焚毁，马首铜像与其他 11 尊兽首铜像一同流失海外。2007 年 8 月，国家文物局获悉马首铜像即将在香港拍卖的消息，与相关机构开展合作，积极推动文物回归祖国。9 月，港澳知名企业家何鸿燊先生慨然出资购买马首铜像。在国家文物局的协调下，2019 年 11 月，何鸿燊先生将马首铜像正式捐赠国家文物局。国家文物局后将其划拨给北京市圆明园管理处收藏，为马首铜像百年回归之路画上完满句号。

圆明园马首铜像融合了东西方艺术理念与设计风格，以精炼红铜为材，色彩深沉厚重，历百年风雨而不锈蚀，以失蜡法一体铸造成型，神态栩栩如生，毛发分毫毕现，展现出极高的工艺水准，是一件非凡的中国古代艺术品。

圆明园鼠首铜像

清代
长 35.5、宽 24.7、高 28 厘米
弗朗索瓦·皮诺先生捐赠
中国国家博物馆藏

　　鼠首人身像像身已失。据清宫旧藏铜版画可知，其原持笏板。2009 年，圆明园鼠首铜像在法国佳士得拍卖会上现身。2013 年，法国皮诺家族将鼠首铜像捐赠给中国。

圆明园牛首铜像

清代
长 47、宽 44、高 44 厘米
保利艺术博物馆藏

　　牛首人身像像身已失。据清宫旧藏铜版画可知，其原持拂尘。2000 年，牛首铜像出现在香港佳士得和香港苏富比的拍卖会上，中国保利集团公司所属保利艺术博物馆排除各种困难和阻力将其购回。

圆明园虎首铜像

清代
长 30、宽 37、高 40 厘米
保利艺术博物馆藏

　　虎首人身像像身已失。据清宫旧藏铜版画可知，其原无所持。2000 年，虎首铜像出现在香港佳士得和香港苏富比的拍卖会上，中国保利集团公司所属保利艺术博物馆排除各种困难和阻力将其购回。

圆明园兔首铜像

清代
长 51.5、宽 23、高 29 厘米
弗朗索瓦·皮诺先生捐赠
中国国家博物馆藏

　　兔首人身像像身已失。据清宫旧藏铜版画可知，其原持折扇。2009 年，圆明园兔首铜像在法国佳士得拍卖会上现身。2013 年，法国皮诺家族将兔首铜像捐赠给中国。

圆明园猴首铜像

清代
长 30、宽 46、高 36 厘米
保利艺术博物馆藏

　　猴首人身像像身已失。据清宫旧藏
铜版画可知，其原右手持一环，左手持
一长笔。2000 年，猴首铜像出现在香港
佳士得和香港苏富比的拍卖会上，中国
保利集团公司所属保利艺术博物馆排除
各种困难和阻力将其购回。

圆明园猪首铜像

清代
长 30、宽 34、高 40 厘米
何鸿燊先生捐赠
保利艺术博物馆藏

　　猪首人身像像身已失。据清宫旧藏铜版画可知，其原持一弓一箭。2003 年，全国政协常委、香港信德集团董事局主席何鸿燊先生出资从美国收藏家手中购回圆明园猪首铜像，并捐赠给保利艺术博物馆。

1949 ～ 1978

革故鼎新 昔往今归

　　新中国成立伊始，虽国力维艰、百废待兴，党和政府已将遏制文物流失、抢救重要国宝摆上重要议程，建章立制，革弊振颓，开启了流失文物回归返还的恢宏篇章。1950 年 5 月，中央人民政府政务院公布《禁止文物图书出口令》，这是新中国第一部文物保护法令。严格的文物出口限制，行之有效的文物进出境审查机制，迅速扭转了鸦片战争以来珍贵文物大量流失的局面。在周恩来总理等党和国家领导人亲自指挥下，"香港秘密抢救文物小组"筹谋港岛，成功抢救大批珍贵文物，中秋伯远、潇湘五牛、熙载祥龙、陈氏珍泉，国之重器重回祖国怀抱。归国游子、海外华人振奋于新中国之建立，搜求海外遗珍，慷慨捐献国家。新中国对文化遗产的重视，赢得了当时苏联、民主德国等国家的尊重，《永乐大典》、义和团旗帜等成为新中国成立后外国政府最早返还的重要文物。

苏联、民主德国返还《永乐大典》与义和团旗帜

在中央人民政府的努力下，1951 年至 1958 年间，苏联先后 3 次向我国返还 64 册《永乐大典》。1955 年 12 月，民主德国向我国返还 3 册《永乐大典》和 10 面义和团旗帜，周恩来总理亲自接收了这批文物。外国政府向新中国返还的这两批文物，开启了中国流失文物回归历程的崭新篇章。

《永乐大典》成书于明永乐六年（1408 年），是我国历史上享有盛誉的皇家巨典和百科全书。全书共计 22937 卷，分装为 11095 册，约 3.7 亿字，汇集了当时所能见到的我国上自先秦、下迄明初约 8000 种古代典籍，堪称辑佚之渊薮。明嘉靖年间曾摹录一套副本。《永乐大典》已知存世仅 800 余卷、400 余册，每一册均极为珍贵。而义和团旗帜承载着百年前中国民众团结御侮的深刻记忆。

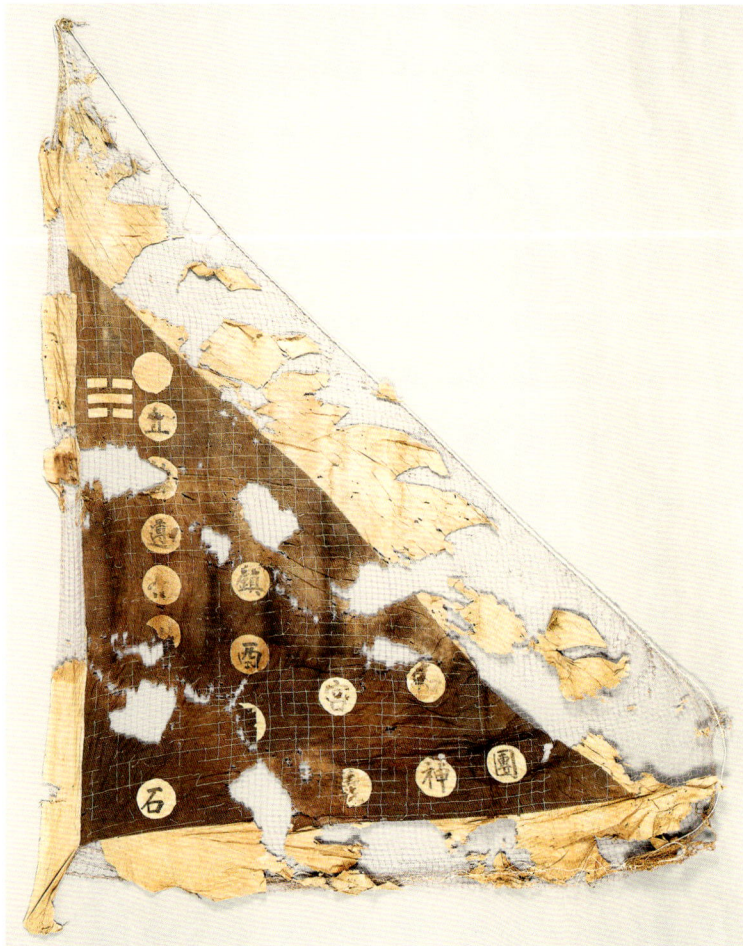

义和团旗帜

清代
底边 151.5、高 145 厘米
1955 年民主德国政府返还
中国国家博物馆藏

《永乐大典》卷 538 "容"字册

明代
高 50.3、宽 30 厘米
1951 年苏联政府返还
中国国家图书馆藏

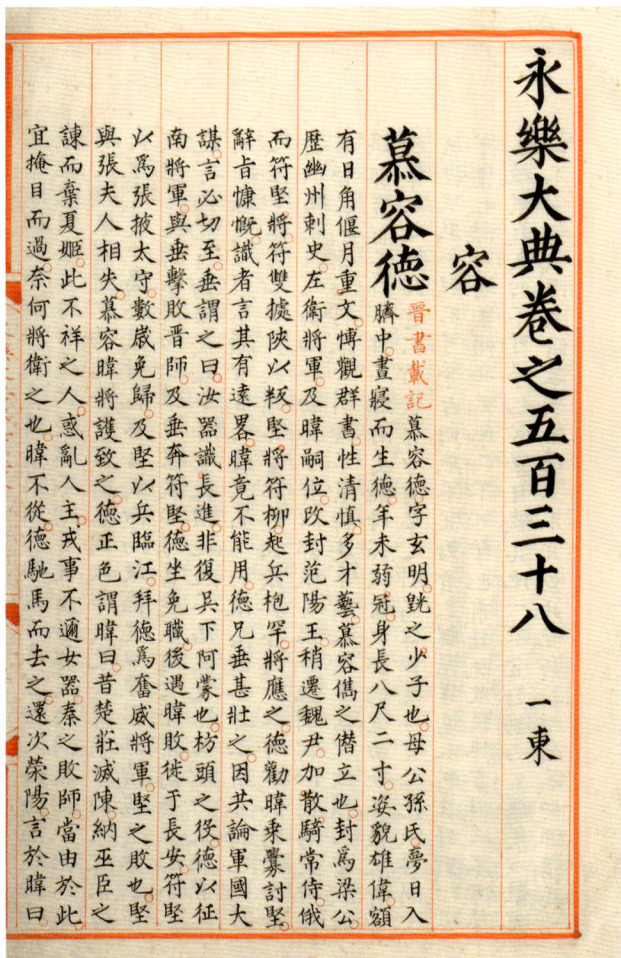

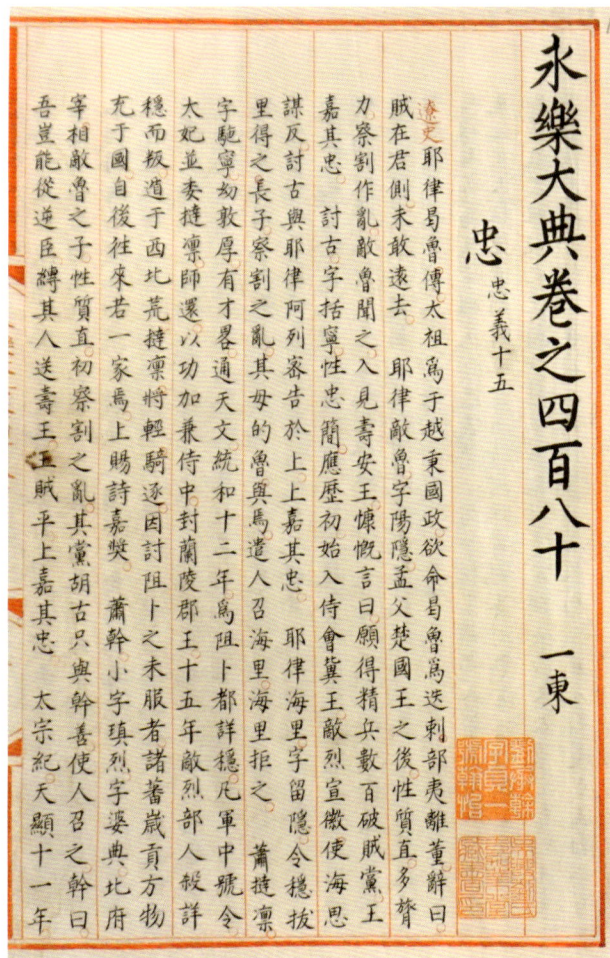

《永乐大典》卷 480 "忠"字册

明代
高 50.3、宽 30 厘米
1951 年苏联政府返还
中国国家图书馆藏

《永乐大典》卷13135 "梦" 字册

明代
高 50.3、宽 30 厘米
1958 年苏联政府返还
中国国家图书馆藏

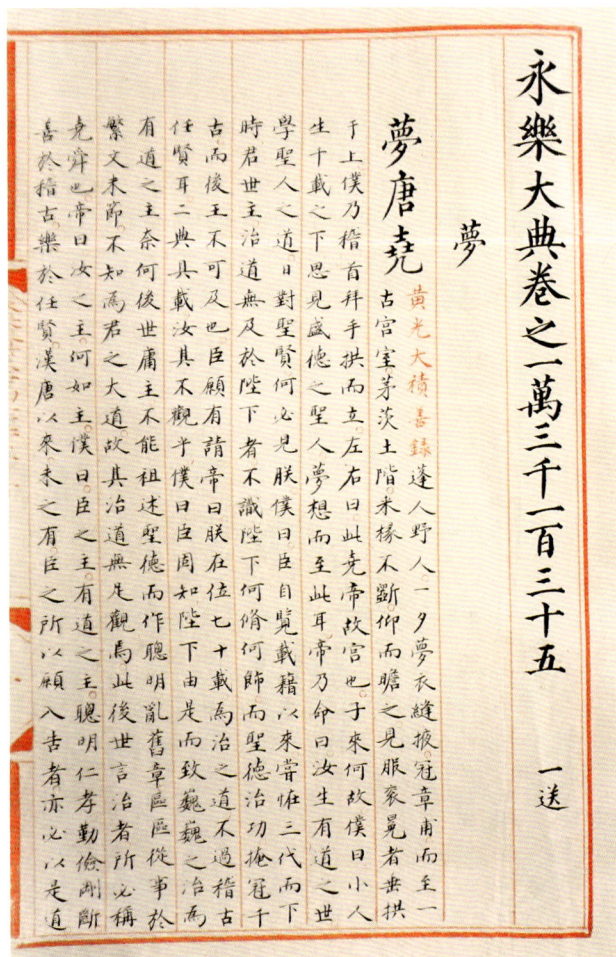

容

慕容德

晉書載記

慕容德字玄明皝之少子也。臍中畫寢而生德。年未弱冠身長八尺有日角偓月重文博觀群書性清慎多才藝慕容儁之歷幽州刺史左衛將軍及暐嗣位欸封范陽王稍遷魏而符堅將符雙據陝以叛堅將符柳起兵枹罕將應辭旨慷慨識者言其有遠畧暐竟不能用德兄垂甚壯謀言必切至垂謂之曰汝器識長進非復吳下阿蒙也南將軍與垂擊敗晉師及垂奔符堅德坐免職後遇暐以為張掖太守數歲免歸及堅以兵臨江拜德為奮威與張夫人相失慕容暐將護致之德正色謂暐曰昔楚諫而棄夏姬此不祥之人惑亂人主戎事不逼女器秦

从香港抢救征集珍贵书画文物

新中国成立之初，在周恩来总理的亲自关心下，文化部文物局建立"香港秘密收购文物小组"，专门在香港从事珍贵文物抢救工作。在四方初定、国力维艰的岁月里，中央人民政府多次拨出十分宝贵的外汇储备，支持文物小组成功抢救征集了包括晋王献之《中秋帖》、晋王珣《伯远帖》、唐韩滉《五牛图》、五代董源《潇湘图》、五代顾闳中《韩熙载夜宴图》（宋摹本）、宋赵佶《祥龙石图》在内的一批历代书画珍品，我国政府主导的流失文物回归工作肇基于此。

香港收购小组抢救回来的书画既有晋唐宋时期大家的稀世古本，也有元明清时期名家的传世珍迹，是中国美术史上特别重要的代表性作品。这些珍宝渡尽劫波，明珠还浦，实为民族文化幸事。

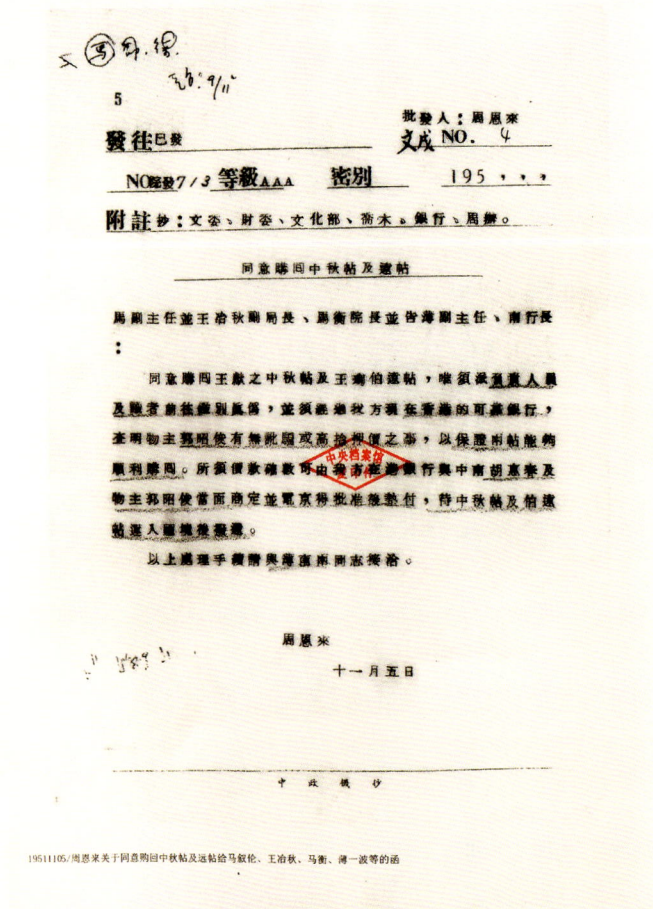

1951 年 11 月 6 日，周恩来总理关于同意购回中秋帖及伯远帖给马叙伦、王冶秋、马衡、薄一波等的函（复印件），中央档案馆提供。

珣頓首頓首伯遠勝業
期群遘之寶自以羸
志在優遊始獲此出意
不剋申分別如昨永為疇
古遠隔嶺嶠不相瞻臨

王珣《伯远帖》卷

晋代

纵 25.1、横 17.2 厘米

故宫博物院藏

《伯远帖》是晋王珣（350～401年）写的一封信。原文："珣
顿首顿首，伯远胜业情期群从之宝。自以羸患，志在优游。始获此出
意不剋申。分别如昨永为畴古。远隔岭峤，不相瞻临。"

此帖与陆机《平复帖》为现今仅存的两件晋代名人法书。

王羲之作为"书圣"，垂范百代。但他的书作只以临本、摹本和
刻本的形式流传，未见一件真迹传世。王氏家族世代擅书，名家辈出，
然命运亦大抵相同。唯羲之族侄王珣有此短笺留在世间，使今人可以
从中窥见"二王"行草用笔的精微之处，这是刻帖和双勾填墨摹本所
无法传达的。

此帖风神俊朗，潇洒流利，在王氏家族书风的基础上自具面目，
在中国书法史上具有重要的地位。

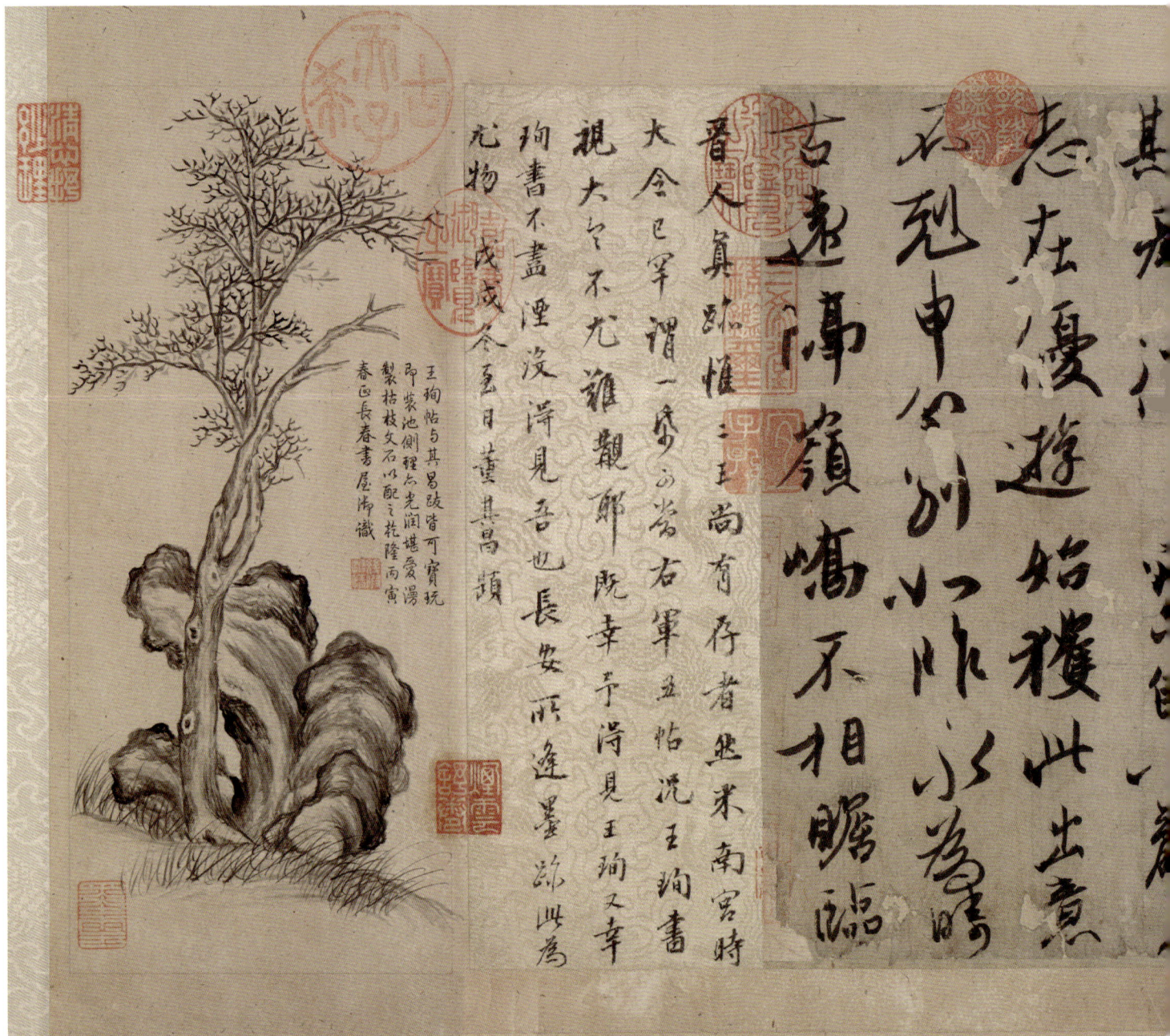

王珣《伯远帖》自乾隆十一年（1746 年）进入内府，经乾隆品题，与王羲之《快雪时晴帖》、王献之《中秋帖》并藏在养心殿西暖阁内的尽间，乾隆御书匾额"三希堂"。乾隆十二年又精选内府所藏魏晋唐宋元明书家 134 家真迹，包括"三希"在内，摹勒上石，命名《三希堂法帖》。在西苑的北海建"阅古楼"，将上述刻石嵌在楼内墙上，拓本流传以示临池之模范。三希原件仍藏在养心殿三希堂。

1911 年以后至 1924 年溥仪出宫以前，《伯远帖》《中秋帖》曾藏在敬懿皇贵妃所居的寿康宫，溥仪出宫之时，敬懿皇贵妃将此帖带出宫，后流散在外。1951 年，周恩来总理指示将《伯远帖》《中秋帖》购回，交故宫博物院收藏。

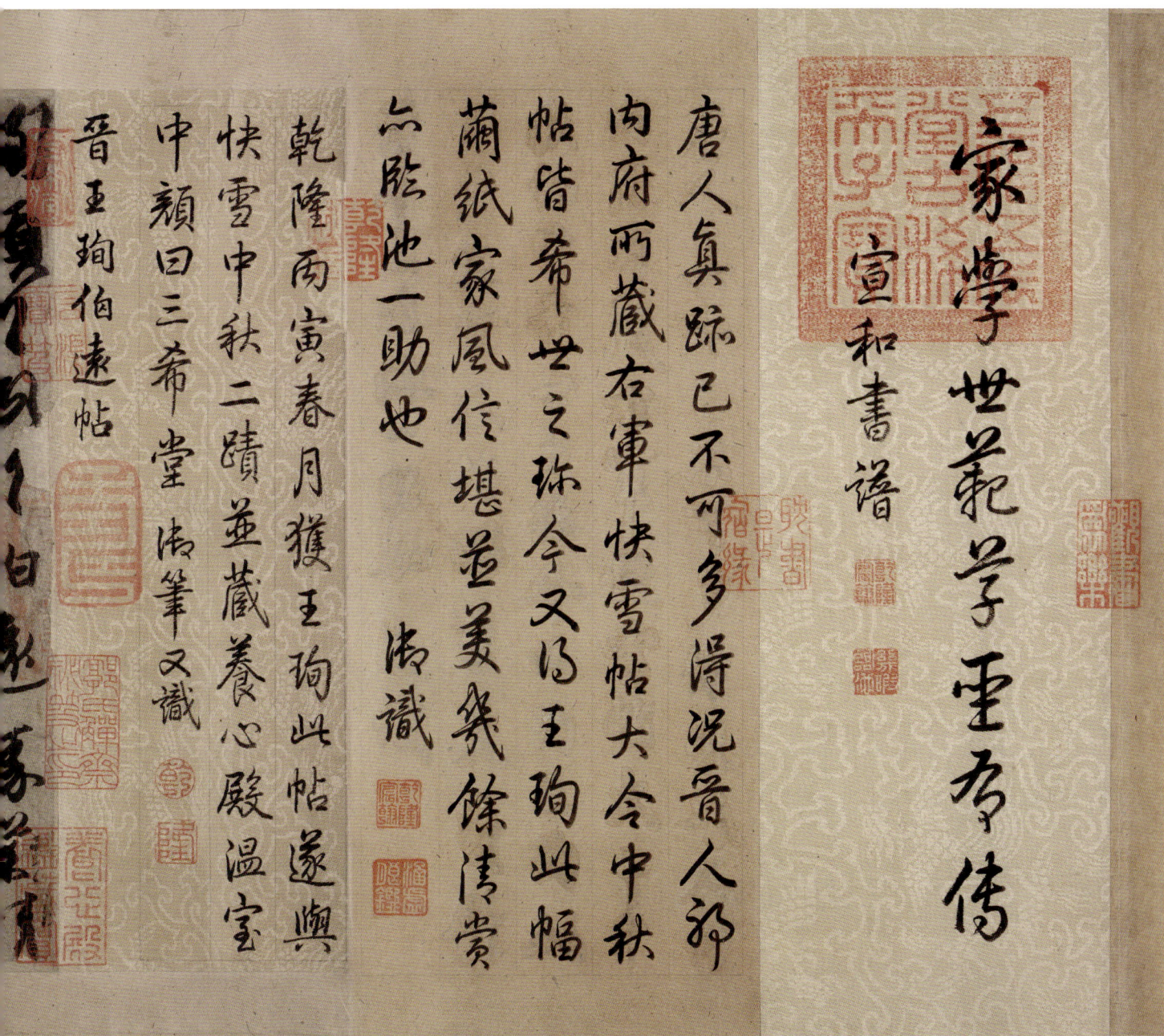

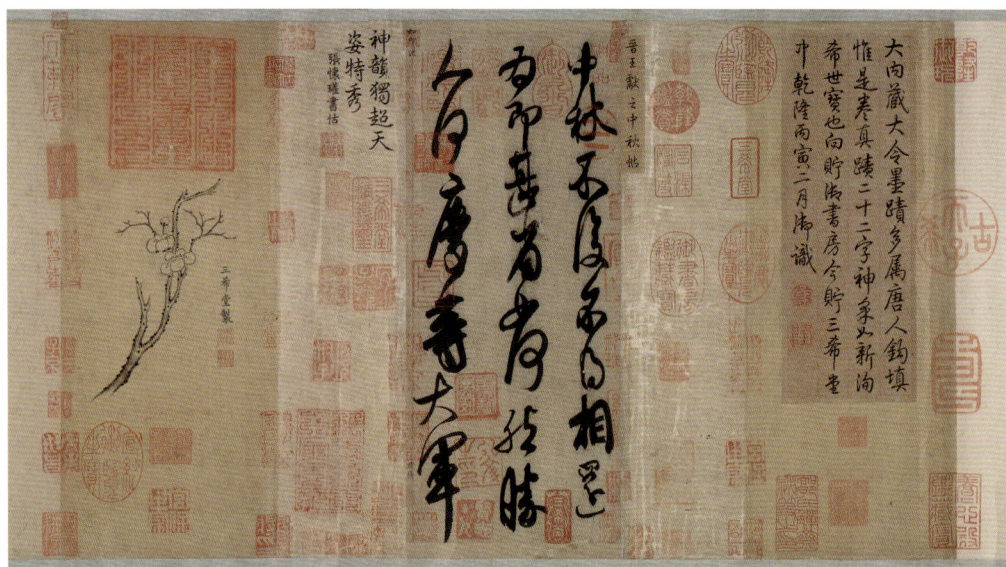

王献之《中秋帖》卷

晋代
纵 27 厘米、横 11.9 厘米
故宫博物院藏

　　《中秋帖》是著名的古代书法作品，曾被清乾隆誉为"三希"之一，意即希世珍宝。行书三行，共二十二字，"中秋不复不得相还为即甚省如何然胜人何庆等大军"。无署款。

　　《中秋帖》是《十二月割帖》的不完全临本，原帖在"中秋"之前还有"十二月割至不"六字。帖用竹料纸书写，这种纸东晋时尚制造不出，约到北宋时方出现。从行笔中可知，所用毛笔是柔软的无心笔，而晋代使用的是有心硬笔，吸水性较差，笔的提、按、转折往往不能灵活自如，常出贼毫，如此帖那种丰润圆熟、线条连贯、行气贯通、潇洒飘逸的效果是写不出来的。清吴升《大观录》云："此迹书法古厚，

黑采气韵之鲜润，但大似肥婢，虽非钩填，恐是宋人临仿。"据当代书画鉴定家研究，大多认为是宋米芾所临。

　　此帖曾经宋宣和、绍兴内府，明项元汴，清内府收藏。民国时溥仪将其携出宫外，流散民间。1949 年 10 月前和王珣《伯远帖》一起被典当于香港一家外国银行。1951 年底，典当期将满时，国外有人意图购获，周恩来总理闻讯，当即指示有关部门购回，入藏故宫博物院。

晉王獻之中秋帖

神韻獨超天
姿特秀

如印泥

中秋不復不
得相

還為即甚省
如何然勝

書有慶
等大軍

唐倩

一

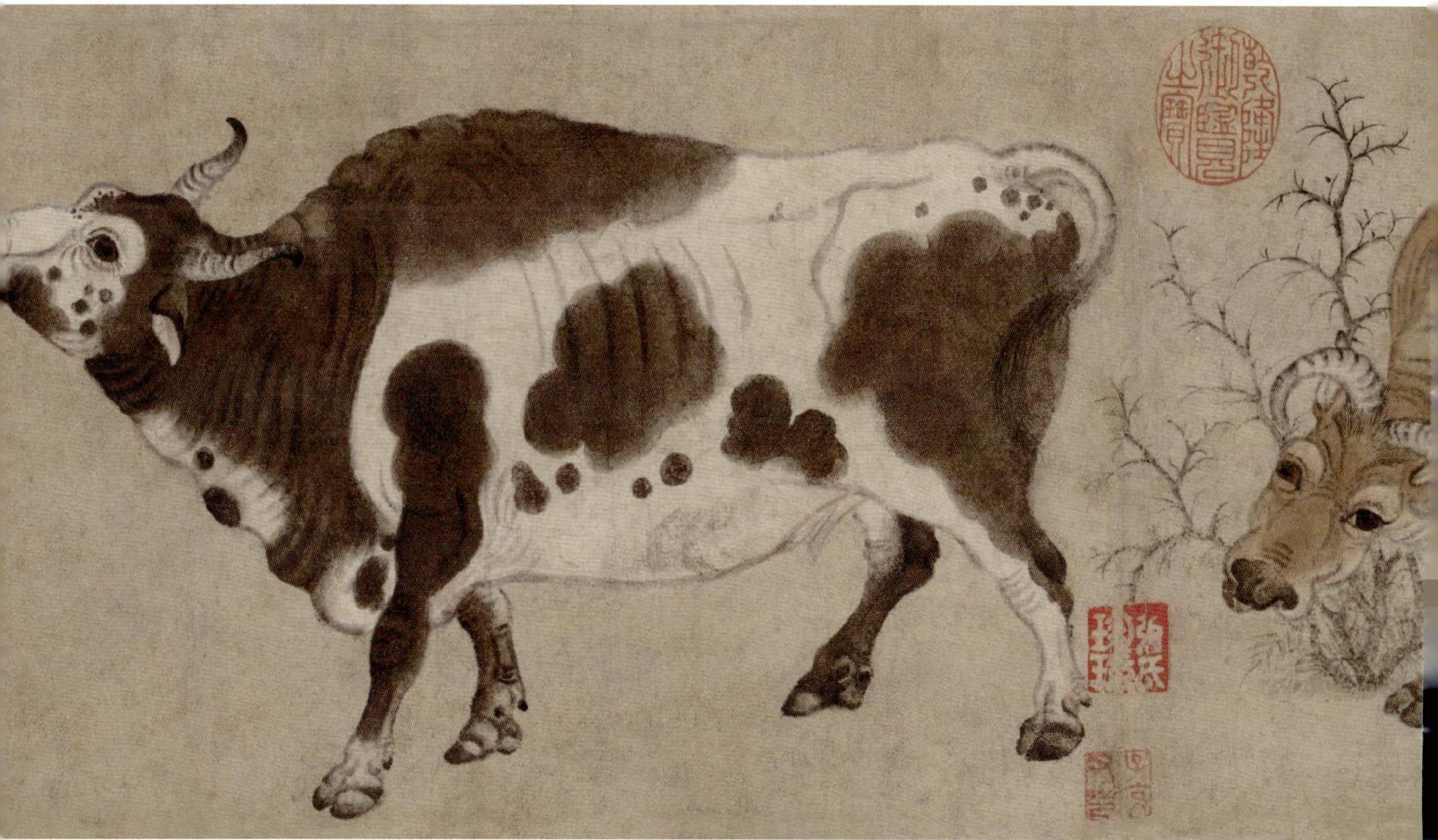

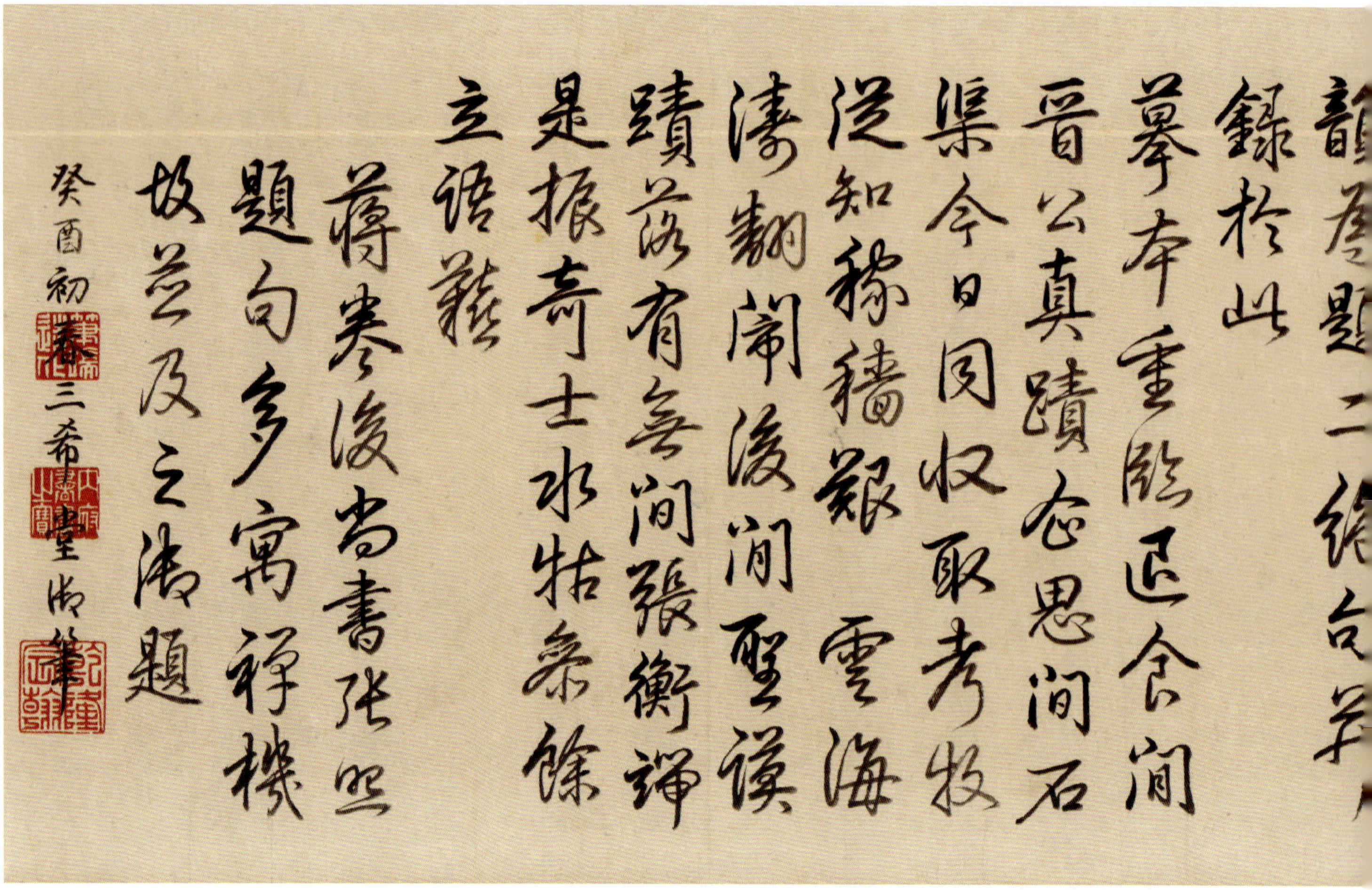

蔣寒後尚書張四　錄於此　韻慶題三綃台華

癸酉初春三希堂尚筆　題句多寓祥機　立語鞋　摹本重臨迅令间

收芝及之滿題　是振奇士水粘余餘　晉公真蹟宛思间石

蹟諮有無间張衡譯　渠今日同收取考收

濤翮閟後间聖謨　沒知稱穡籾　雲海

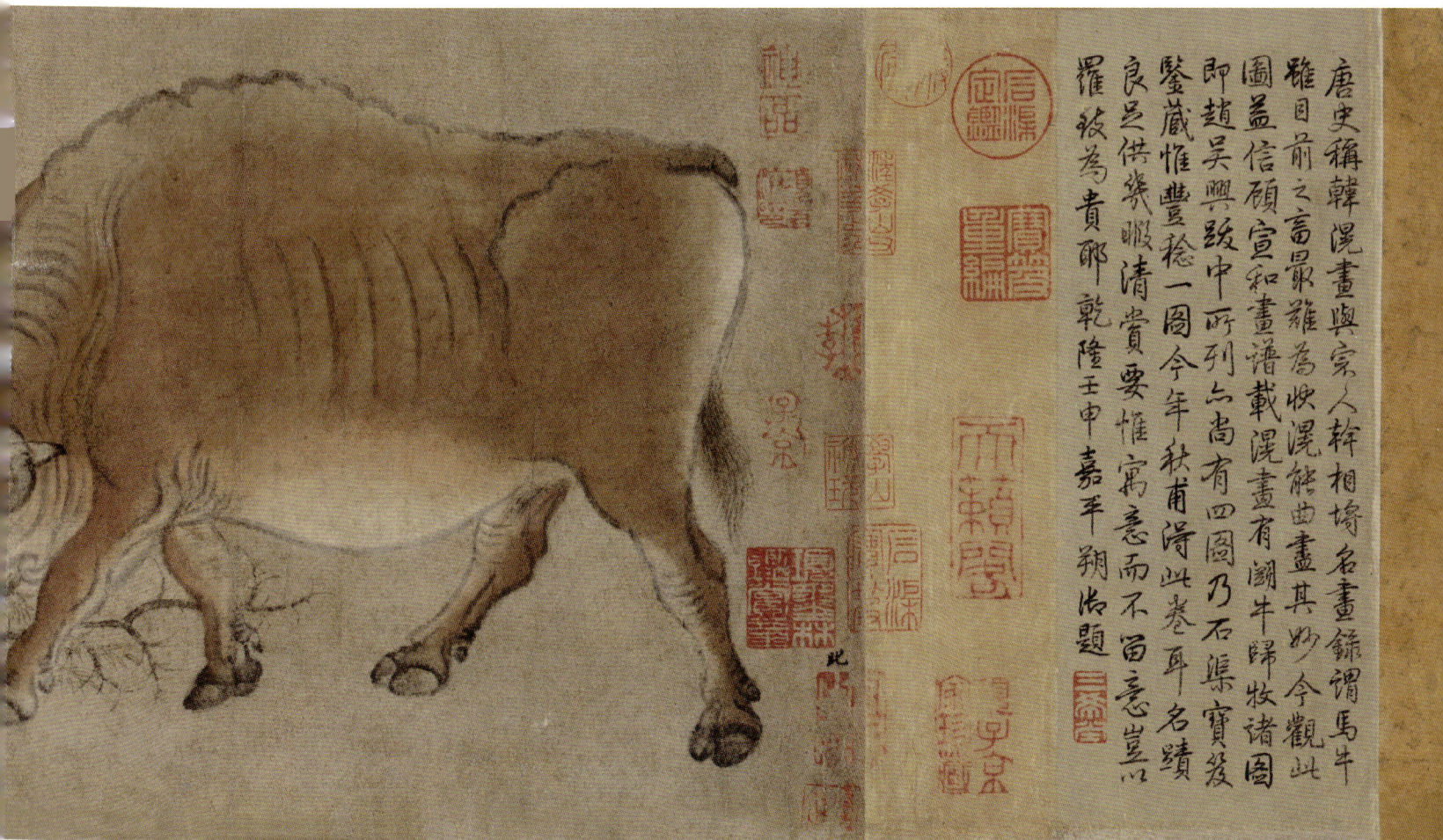

唐史稱韓滉畫與宗人幹相埒名畫錄謂馬牛
難目前之富眾難為快滉能曲盡其妙今觀此
圖蓋信頤宣和畫譜載滉畫有潮牛歸牧諸
圖即趙吳興跋中所列六尚有四圖乃石渠寶笈
鑒藏惟豐稔一圖今年秋甫得此卷耳名蹟
良足供裝暇清賞要惟寫意而不留意豈以
羅致為貴耶乾隆壬申嘉平朔沿題

兩跋所書前後
倒置蓋就紙之
長短也御識
臣董誥奉
勑敬書

是卷舊藏天籟閣
項氏項聖謨嘗有
筆本故大學士蔣
廷錫未見滉真跡
因付項墓志師責
中珍之慕今得見此
當蓋顏古人不可及
也今項本不知所在
而蔣畫與此卷並
入石渠寶笈遇合

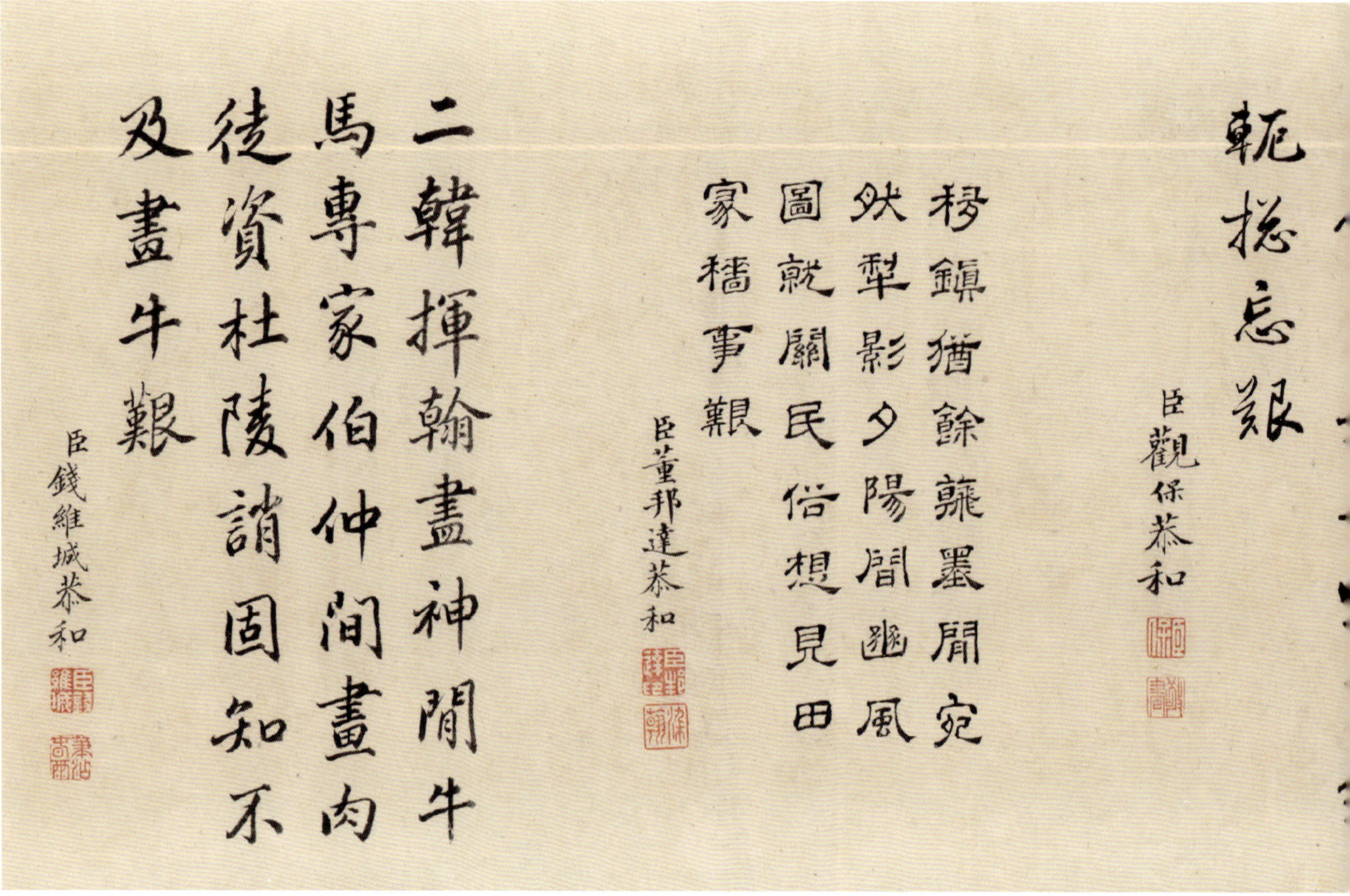

乾揽忘艮

臣觀保恭和

移鎮猶餘蘢墨閒宛
狀犂影夕陽閒幽風
圖就關民俗想見田
家穡事艱

臣董邦達恭和

二韓揮翰畫神閒牛
馬專家伯仲間畫肉
徒資杜陵詩固知不
及畫牛艱

臣錢維城恭和

釋軻懸犁軨放
閒傳神寓意尺
圖間棄胎儦許諍
能事悰滄何如創
格艱
　　臣汪由敦恭和

考牧圖成袖手閒一
千年尚在人間後來
名革誰方駕長念良
工意匠艱
　　臣裘口修恭和

江南坐鎮想清間訑
其□常昌茶石□欠气

董源《潇湘图》卷

五代·南唐
纵 50、横 141.4 厘米
故宫博物院藏

本幅无作者款印，明代董其昌得此图后视为至宝，并根据《宣和画谱》中的记载，定名为董源《潇湘图》，后入清宫内府收藏。

"潇湘"指湖南省境内的潇河与湘江，二水汇入洞庭湖，"潇湘"也泛指江南河湖密布的地区。图绘一片湖光山色，山势平缓连绵，大片的水面中沙洲苇渚映带无尽。画面中以水墨间杂淡色，山峦多运用点子皴法，几乎不见线条，以墨点表现远山的植被，塑造出模糊而富有质感的山形轮廓。墨点的疏密浓淡，表现了山石的起伏凹凸。画家在作水墨渲染时留出些许空白，营造云雾迷蒙之感，山林深蔚，烟水微茫。山水之中又有人物渔舟点缀其间，赋色鲜明，刻画入微，为寂静幽深的山林增添了无限生机。五代至北宋初年是中国山水画的成熟阶段，形成了不同风格，后人概括为"北派"与"南派"两支。董源此图被画史视为"南派"山水的开山之作。

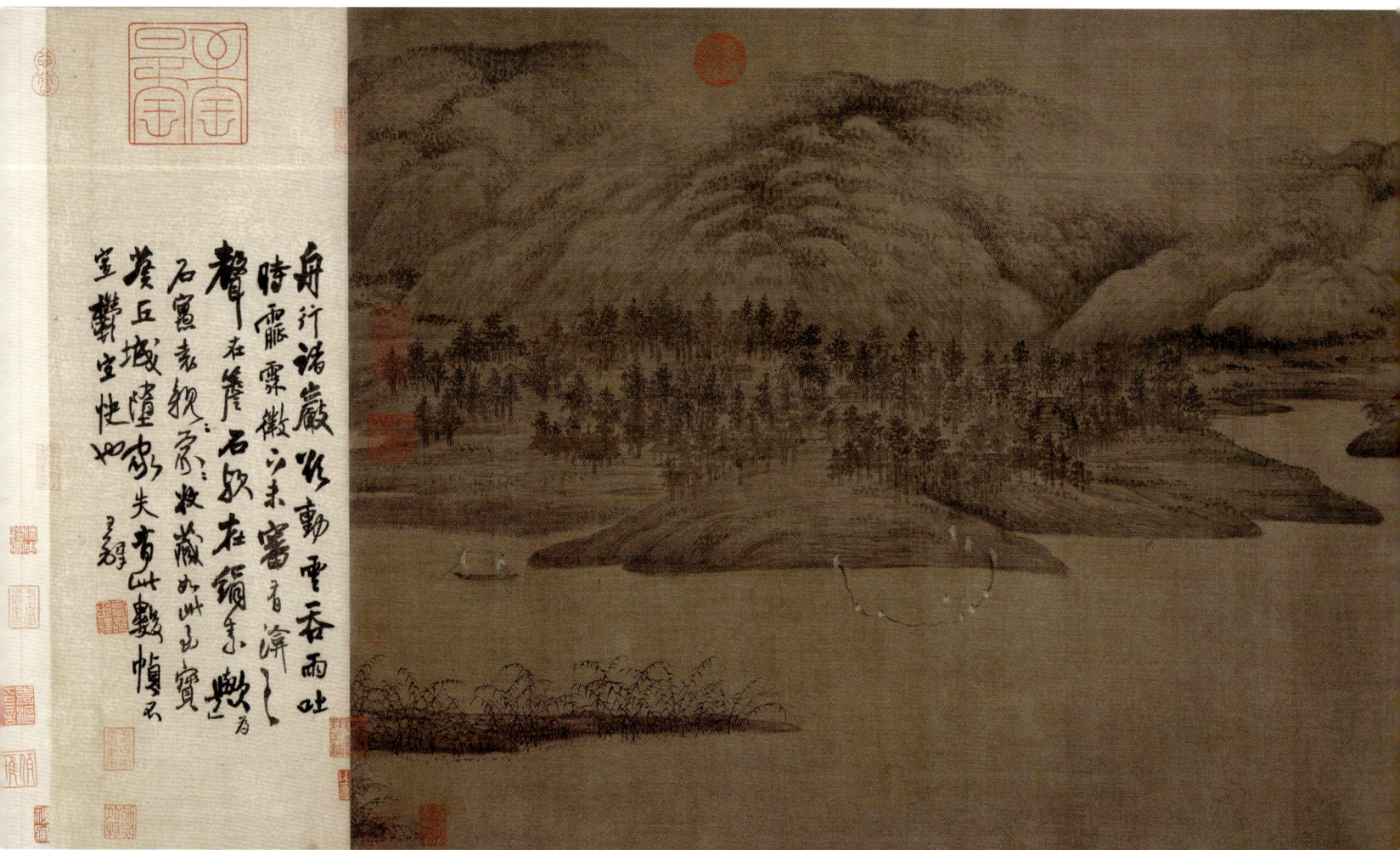

五代顾闳中《韩熙载夜宴图》卷

宋代摹本

纵 28.7、横 335.5 厘米

故宫博物院藏

本幅无款。关于《韩熙载夜宴图》的创作缘由，有两种说法。《宣和画谱》记载：后主李煜欲重用韩熙载，又"颇闻其荒纵，然欲见樽俎灯烛间觥筹交错之态度不可得，乃命闳中夜至其第，窃窥之，目识心记，图绘以上之"。《五代史补》则说：韩熙载晚年生活荒纵，"伪主知之，虽怒，以其大臣，不欲直指其过，因命待诏画为图以赐之，使其自愧，而熙载自知安然"。总之，此图是顾闳中奉诏而画。据载，周文矩也曾作《韩熙载夜宴图》，元代时两者尚在，今仅存顾本。

作品如实地再现了南唐大臣韩熙载夜宴宾客的历史情景，细致地描绘了宴会上弹丝吹竹、轻歌曼舞、主客杂糅、调笑欢乐的热闹场面，深入刻画了主人公超脱不羁、沉郁寡欢的复杂性格。其艺术水平高超，造型准确精微，线条工细流畅，色彩绚丽清雅。不同物象的笔墨运用富有变化，仕女的素妆艳服与男宾的青黑色衣衫形成鲜明对照。整体色调艳而不俗，绚中显素。

历代著录的顾闳中《韩熙载夜宴图》有数本，此卷据各方考证，当属南宋孝宗至宁宗朝（1163～1224 年）摹本。其风格基本反映出原作面貌，且达到相当高水平，堪称流传有序的古代绘画珍品。

唐人真跡傳世絶少而顧濶中尤不
易觀此夜窟圖為著名之品向藏
肉府不意流落人間為　大千道兄所得
出以來余招亦知尚有如此奇跡余何幸暮
年複觀此卷眼福真不淺也　丁亥
寅二月三日八十四叟龐元濟

旅港之將一載矣

民國三十八年七月遊菴藥恭緯書於香港閣極菴時

着個阎黎在可是量江作諜人

慶来　半　今日披圖積尚新席頭直個善侍神缘何

胡灰珠還壁返未頑哀卜年享壽誰北汝膏閱流梁幾

辛若與人家國事一般凤泊與萬飄　抱冕藏珍幾

高詠瀾山王　潮西抄毫楊風手寰海詩篇韓致尧

誰信宴非荒醉夢尊知醒东狂剩有中山子日泣不谓

使不為公飲罌近掃爐芳賴何似披裘大澤中韜精

目别離愁聽教坊歌　鄭五豈真堪作相孫劉祗

微生付与饮之何伐性寧朔溺夔河聊勝倉黄辭廟

唐裴潘鎮寰神罷有讒甘近狂荡韓生微眇客江東下特避嫌無避
地初依李昇作送事便覺相期不如意郎君若通家聲色從情潛自晦
胡琴嬌小六幺舞蹀躞摟拋如載吏一朝突禪耶預謀論比中原皆僭卻
持不揄惜進用退本恶才非命世往北臣以計玄瓶得宴龥長夜藏齋立
難尔位端簌末路九華終見繪畫柱隨瓢說夢後主終存故人義身
名易全遠置難此與非回狂累司空樂妓醉寂表盡侍兒追作
配术坊杜牧朗吟詩典論莊王絕纓事泰定三年十月十一日大梁班
惟志善功題

韓熙載歿聛為千古無兩大是奇事此始不欲素解人者
歟　積王齋主人觀并識

畫濟本唐人略色後來年躔
碧言之腕瑛畫欽為寶　王鐸題
寄意玄題直作解脫觀摩
擬郭汾陽本于老莊之徵枙
文孫王老親海家藏善護持之

此卷無宋代題識六宋入明人真賞毖其為原物毫無
可疑者或肯經人割截直跋以隸價盡遂不能為延津
之合尔可知也觀鐵綱珊瑚所載祖無頗趙昇三跋此善
無之可以為善頁　此千毛去示不旦昇見毫然卯菊丙

赵佶《祥龙石图》卷

宋代

纵 53.9、横 127.8 厘米

故宫博物院藏

卷首绘有一块立状太湖石，石顶生有异草，石上有楷书"祥龙"二字。旁有宋徽宗瘦金体诗云："祥龙石者，立于环碧池之南，芳洲桥之西，相对则胜瀛也。其势胜涌，若虬龙出为瑞应之状，奇容巧态，莫能具绝妙而言之也。乃亲绘缣素，聊以四韵纪之。彼美蜿蜒势若龙，挺然为瑞独称雄。云凝好色来相借，水润清辉更不同。常带瞑烟疑振鬣，每乘宵雨恐凌空。故凭彩笔亲模写，融结功深未易穷。"署款"御制御画并书"，押署"天下一人"，钤朱文印"御书""宣和殿宝"，被公认为是宋徽宗的真迹。

画卷构图极简，用色颇精，格调雅致，具有典型的北宋院体绘画风格。

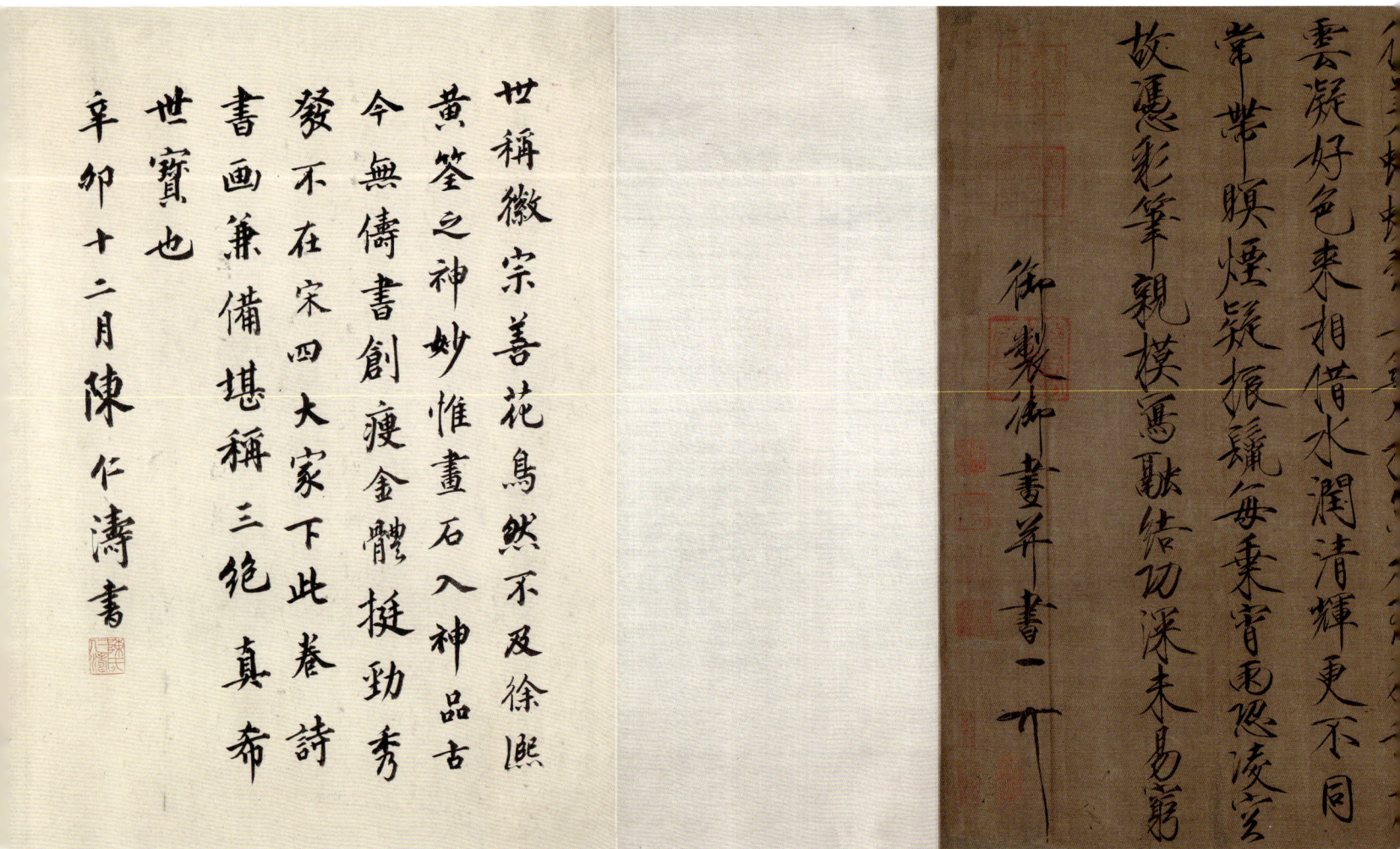

容巧態莫能具絕妙而言之山
騰湧若虬龍出忽瑞應之狀也
洲橋之西相對則勝瀛也其勢
祥龍石者云浦球碧池之南萌

从香港抢救征集珍贵钱币文物

　　20 世纪 50 年代，文化部文物局在获知寓居香港的收藏家陈仁涛有意出让珍藏多年的钱币文物后，立即动员力量开展抢救征集工作。1952 年，这批珍贵钱币文物终于重返祖国，在新中国文物回归和钱币文物保护史上写下浓墨重彩的一笔。

　　这批钱币文物共 5 万余枚，包括金、银、铜币、纸币、钞版等，币种全面、体系完整、脉络清晰、内涵博大，是研究中国古代政治、经济、民俗史的珍贵实物。这批文物大部分拨交北京历史博物馆（现中国国家博物馆）收藏，奠定了该馆古代钱币馆藏的基础。

郢爯

战国
中国国家博物馆藏

　　战国时楚国货币，黄金质。在整块金板上戳印上数个"郢爰"戳记，用时按需切割称重行用。"郢"为楚都之名，原在今荆州，后迁至今淮南，"爰"是楚国重量单位。整体意为"郢"制造的重约"爰"的金块。此类切割后的存世品已属罕见，亦见有整版，为极珍。

"桡比钱当鈈"平肩长身方足布

战国
中国国家博物馆藏

"安邑一釿"平首圆肩弧形方足布

战国
中国国家博物馆藏

"安阴"平首圆肩圆裆方足布

战国
中国国家博物馆藏

小布一百

西汉
中国国家博物馆藏

　　王莽篡汉，于始建国二年进行第三次货币改革，仿照战国时期布币外形，发行"小布一百""幺布二百""幼布三百""序布四百""差布五百""中布六百""壮布七百""第布八百""次布九百""大布黄千"十个面值的布币，称为"十布"，均是虚值大钱，意在快速聚敛财富。其在位期间金融混乱，未几又进行第四次改革。

序布四百

西汉
中国国家博物馆藏

"宣帝五铢"阳纹铜范

西汉
中国国家博物馆藏

　　五铢钱铜范是西汉时期铸造钱币所使用的工具。此铜范为母范，用其翻造出来的泥范称为子范。母范并不用来直接铸钱，最后用于铸钱的是阴文反书的子范。为了提高五铢钱的铸造数量，汉宣帝时期铸造五铢的钱范。这一时期铸造的五铢钱数量颇多。

永通万国

南北朝
中国国家博物馆藏

　　北周宣帝大象元年铸造行用，以一当"五铢"钱一千，为虚值大钱。钱文篆书，方寸之间笔画繁复深峻，美感独特，内容寓意永远在世上的国家里通行，可见当时国内外贸易往来之频繁。因字体俊秀，与"布泉""五行大布"一起被后世称为"北周三品"。

乾元重宝

唐代
中国国家博物馆藏

　　肃宗乾元元年，为解决"安史之乱"带来的财政危机，铸行此钱，初以一枚当"开元通宝"十枚，后屡经更张，至代宗时仍在使用。由于虚值大钱通行壅滞，造成社会经济动荡。但其书法稳重，铸造精妙，具有独特的审美特质。

杨铨捐赠文物

　　文物收藏家杨铨先生年少时移居香港，痛心于祖国文物因盗卖而散失的状况，立志要穷毕生之力收藏保护华夏文物。1959 年至 1964 年间，杨铨先生克服种种困难，将其珍藏的 5000 余件文物捐赠给广州市政府，这是新中国成立初期我国政府接受的最大规模的文物捐赠。

　　杨铨先生捐赠文物包括陶瓷、铜器、玉石器、漆木竹器、文具等，时间涵盖新石器时代至近现代。其中，古陶瓷最多，达 3390 件，极富广东地方特色的石湾艺术陶瓷有 300 多件。这些文物大部分划拨广东民间工艺博物馆收藏，奠定了该馆馆藏的基础。

原始瓷鼎

西汉
高 8.3、口径 11.5 厘米
广东民间工艺博物馆藏

　　原始瓷发端于商周时期，经过 1200℃ 以上高温烧造，表面施有一层青色或黄绿色的半透明釉。其已经具备瓷器的标准，但因工艺水平较低，胎质中杂料较多，釉色也不稳定，故称原始瓷。到了东汉晚期，成熟的瓷器才出现，基本接近了严格意义上瓷器的标准。

越窑青釉鸡首双耳壶

晋代
高 16.9、口径 9.5、腹径 29 厘米
广东民间工艺博物馆藏

　　鸡首壶是指带有鸡首状流的盘口壶，创烧于西晋时期的越窑，经魏晋南北朝的发展，风靡一时，江苏、浙江地区大量出现。这件鸡首壶器身浑圆，鸡首昂头作打鸣状，造型别致。肩部对称置双耳，鸡首为假流，高冠圆嘴。整体施青釉，釉汁明润、色调淡雅、古朴。"鸡"与"吉"谐音，鸡首壶沿用数百年，反映出当时人们对吉祥安宁生活的祈望。

越窑青釉五管瓶

五代十国
高 32.5、口径 8.5、腹径 15.5 厘米
广东民间工艺博物馆藏

耀州窑青釉刻花碗

北宋
高 6、口径 12 厘米
广东民间工艺博物馆藏

临汝窑青釉印花盘

北宋
高 3、口径 17.2 厘米
广东民间工艺博物馆藏

吉州窑黑釉剪纸贴花梅花凤纹盏

南宋
高 4.7、口径 11.5 厘米
广东民间工艺博物馆藏

建窑黑釉兔毫盏

宋代
高 5.3、口径 10.9 厘米
广东民间工艺博物馆藏

　　在已发现的宋代瓷窑中，有三分之一的瓷窑烧造黑釉，特别是黑釉碗盏产量很大，这与宋代盛行斗茶之风有关。人们不仅要品茶，而且也要鉴赏美丽的茶具。在继承和发展磁州窑铁锈花装饰技术后，福建的建州窑烧制出一种黑釉瓷精品——兔毫盏。因在黑色釉中透露出均匀细密的筋脉，形状犹如兔子身上的毫毛一样纤细柔长而得名。

景德镇窑青花折枝菊纹三足炉

元代
高 10.2、口径 8 厘米
广东民间工艺博物馆藏

龙泉窑青釉刻花碗

明代
高 12、口径 31 厘米
广东民间工艺博物馆藏

白釉万字纹方罐

明代
高 18.7、口径 8.5、腹径 12 厘米
广东民间工艺博物馆藏

　　方形，圆口，短直颈，平肩，
平底，四角矮平足，四面均开窗饰
万字纹，施葱白釉。造型端庄浑朴，
图案层次分明，是典型的实用性与
艺术性兼备的日用器皿。

蓝釉兽耳瓶

明代
高 17.3、口径 4.1 厘米
广东民间工艺博物馆藏

蓝釉罗汉像

清代
高 24.7 厘米
广东民间工艺博物馆藏

　　老人席地而坐，左手肘支于屈起的左膝上托着微倾的头，右手夹在左胸处，右腿盘膝。老人眼睑下垂，神态安逸，进入了一种"惺忪朦胧眼，风吹欲倒身"的状态。人物表情塑造十分生动。头、脸、手、脚露胎，呈棕色。衣服的翠毛釉经高温产生的流动下垂感，更衬托出人物的闲散舒适。

鱼形玉饰

商代
长 10.5、宽 2.5 厘米
广东民间工艺博物馆藏

龙形涡纹玉佩

战国
长 9.2、宽 5.5 厘米
广东民间工艺博物馆藏

玉蝉

西汉
长 3.7、宽 2 厘米
广东民间工艺博物馆藏

谷纹玉剑璲

汉代
长 9.3、宽 5.3 厘米
广东民间工艺博物馆藏

山字纹铜镜

战国
直径 11.3 厘米
广东民间工艺博物馆藏

"见日之光天下大明"铭铜镜

西汉
直径 11 厘米
广东民间工艺博物馆藏

　　这种铜镜属于透光镜的一种，若以一束阳光照到镜面，反射后投影到壁上，壁上的光斑中就会奇迹般地显现出镜背面的图案、铭文，好像光线透过铜镜，把背面图案、文字映在壁上似的，故称透光镜。在铜镜背面花纹的外侧有铭文"见日之光，天下大明"，故得名。

鎏金龙纹铜镜

西晋
直径 17.8 厘米
广东民间工艺博物馆藏

佛像纹铁镜

唐代
边长 12.8 厘米
广东民间工艺博物馆藏

山水诗纹墨

明代
直径 13 厘米
广东民间工艺博物馆藏

竹雕蟠松杯

明代
高 9.5 厘米
广东民间工艺博物馆藏

竹雕人物故事纹笔筒

清代
高 13.5 厘米
广东民间工艺博物馆藏

朱砂墨

清代
直径 13.2 厘米
广东民间工艺博物馆藏

第五节

侯宝璋捐赠文物

　　侯宝璋先生是蜚声中外的病理学专家，20 世纪 40 年代之后寓居海外。1962 年，受周恩来总理之邀，侯宝璋先生举家归国投身新中国建设。1963 年至 1972 年间，侯宝璋先生及其家属数次择其家藏计 2000 余件文物捐赠给国家，后拨交故宫博物院收藏。故宫博物院于 1964 年专门举办了"侯宝璋捐献陶瓷书画展"，以表彰侯宝璋先生的爱国情怀和为文物回归所做出的贡献。

　　侯宝璋先生捐赠文物涵盖陶瓷、铜器、书画等门类。其中，品类丰富的各时期陶瓷大致反映了中国古陶瓷发展的脉络；意境深远的明清书画体现了创作者各有千秋的艺术风格；形态美观的隋唐铜镜展现了兼容并蓄的时代特征。

侯宝璋夫人廖文瑛捐赠文物凭证（1972 年）

文化部部长沈雁冰签发给侯宝璋先生的褒奖状（1963 年、1964 年）

青釉羽觞盘

南朝
故宫博物院藏

青釉六系盘口瓶

唐代
故宫博物院藏

长沙窑青釉加彩带柄壶

唐代
故宫博物院藏

　　长沙窑又名"铜官窑"，始于初唐，盛行于中晚唐，衰于五代。长沙窑以釉下彩绘花、釉上彩绘花、块状浸釉、泼墨渲染等手法为主要特色，突破了以往单一色彩，丰富了瓷器装饰艺术。这件带柄壶是典型的长沙窑，在青釉下绘有彩色纹饰。整体造型流畅圆润，滑肩鼓腹，弧线收于圈足，短流在肩，极具唐代特色。

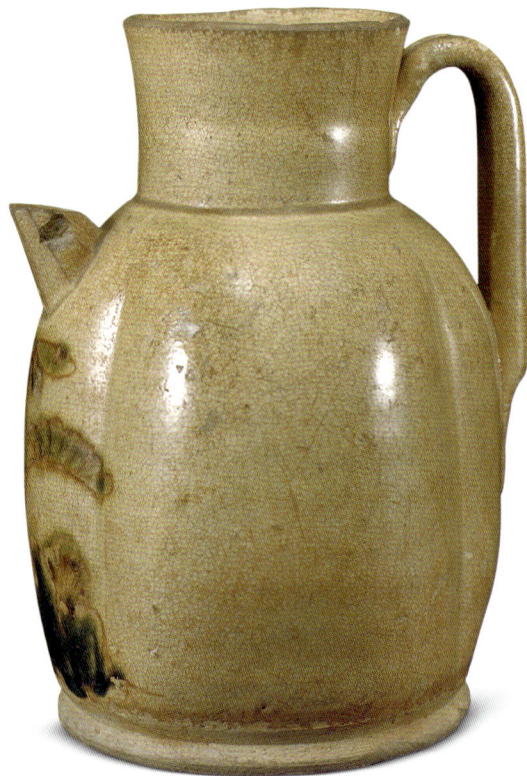

褐釉"千秋万岁"枕

唐代
故宫博物院藏

绿釉莲瓣式碗

唐代

故宫博物院藏

三彩三足盘

唐代

故宫博物院藏

　　盘折沿，浅腹，平底，底接三足。内底心刻多重六瓣朵花，纹饰清晰、规整。内、外以三彩为饰，白釉为底，上施黄、绿、黑彩。外底中心无釉，露胎呈浅黄色。此类三足盘是唐代典型器物。

三彩小钵

唐代
故宫博物院藏

　　敛口，鼓腹，平底。外壁施三彩，以白釉为底，上施黄、绿两色，施彩随意自然。三彩器是一种低温釉陶，釉色呈深绿、浅绿、翠绿、蓝、黄、白、赭、褐等多种色彩，盛行于唐代。虽然一般称之为"唐三彩"，实为多彩陶器。唐三彩多出土于墓葬，应是专用于随葬的明器。

青釉褐绿彩小砚

唐代
故宫博物院藏

　　砚上半部呈扁圆柱形，底接一周人面形足，足端与一环形底座相连。顶端为一凸起平台，台面微内凹，用于磨墨，外围一周凹槽，用于盛放墨汁。外壁施褐绿彩，砚台面无釉。此砚造型圆如璧，四面环水，与周代大学"辟雍"造型相近，故名"辟雍砚"，流行于魏晋南北朝至唐代。

"尚方"铜镜

汉代
直径 10.4 厘米
故宫博物院藏

龙纹铜镜

隋代
边长 6.7 厘米
故宫博物院藏

圆纽,内区饰龙纹,头、尾上翘;外区饰铭文一周,每边五字,共二十字。素缘。铭文:"赏得秦王镜,判不惜千金。非关欲照胆,特是自明心。"

海兽葡萄纹铜镜

唐代
直径 9.6 厘米
故宫博物院藏

镜体厚重,背面以高浮雕葡萄纹为主题纹饰,间饰海兽、鸟雀、蜂蝶、花草等图案。海兽葡萄纹是唐代中期极为流行的一种铜镜纹饰,繁缛富丽的装饰风格充分体现了盛唐时期的经济繁荣以及多民族文化的相互交融。

蜻蜓纹铜镜

五代十国
直径 15.2 厘米
故宫博物院藏

　　圆纽，花瓣形纽座。主纹对称配置，纽上下为展翅的蜻蜓，左右为两株荷花。素缘。

错银铜尊

明代
高 13.6、底径 7.7、口径 13.9 厘米
故宫博物院藏

　　仿先秦铜尊形制，口部外张，呈大喇叭口形，束颈，鼓腹，矮圈足。通体有错银纹饰。颈饰蕉叶纹，腹饰兽面纹，足饰雷纹。

陈淳《雪渚惊鸿图》卷

明代
纵 27.5、横 118.5 厘米
故宫博物院藏

作者于画上自题："戊戌夏日长洲陈道复复甫作。"钤"陈氏道复"白文方印。另于引首自题："雪渚惊鸿。道复。"钤有"白阳山人""陈氏道复"白文方印，"小白阳山"朱文方印。戊戌为嘉靖十七年（1538年），画家时年 56 岁，此作为其晚年所作。

画面展现了江南水乡冬季的景致，芦苇逶迤于坡渚之间，房屋掩映在雪坡之后，小桥连路，一人驾舟停靠于岸边。树木遇寒不枯，于肃穆萧瑟中显出勃勃生机。画中一行鸿雁高飞，静中有动，动静相生。画卷后有画家自书"雪赋"一篇，钤"白阳山人""陈氏道复""复父氏"白文方印。

陈淳（1483 ~ 1544 年），字道复，后更字复甫，号白阳山人，江苏长洲人，书画俱佳，尤其擅长写意花鸟的创作，与徐渭并称为"白阳青藤"。此卷为他的山水小景画，同时也是其书画合璧的佳作。

1978 ～ 2012

多措并举 殊途同归

改革开放后，我国文物事业迅速步入法制化、专业化的快车道，也实现了与全球化、国际化的融合接轨。1982 年《中华人民共和国文物保护法》颁行，1989 年我国加入联合国教科文组织《关于禁止和防止非法进出口文化财产和非法转让其所有权的方法的公约》，1997 年加入国际统一私法协会《关于被盗或者非法出口文物的公约》。依靠国内立法的基础支撑和国际公约的合作框架，我国政府与相关国家逐步展开双边合作，探索形成了外交谈判、执法合作、民事诉讼等流失文物追索返还有效途径。与此同时，越来越多的流失文物，以海外华人华侨、国际友好人士捐赠方式回归国内。第一次通过国际司法诉讼追索走私文物，第一次叫停海外市场流失文物拍卖，第一次促使外国博物馆退藏返还被盗文物……在一次又一次的追索返还实践推动下，流失文物回归渐成趋势。

叶义捐赠犀角文物

香港收藏家叶义先生，一生热爱祖国文化遗产，积极致力于文物收集保护与中国传统艺术研究。1984 年，叶义先生阖然辞世，其亲属依其嘱托，将其毕生珍藏的 81 件犀角文物，无偿捐赠给故宫博物院。故宫博物院曾于 1985 年 5 月 6 日举办"香港叶义先生捐献犀角杯展览"，以示纪念。

叶义先生捐献的这批犀角文物，材质名贵，工艺精湛，造型别致，展现了明清时期雕刻家杰出的创造智慧与才能，是一批极具文化内涵和民族特色的文物艺术品。

犀角雕竹石纹杯

清代
高 10、口径 14.4~18.9、底径 4.6~5.6 厘米
故宫博物院藏

杯体较厚重，敞口，敛腹，小底。外壁主体纹饰为浅浮雕岩石累累，效果如运笔勾勒，作几何形的简化处理。杯身一端镂雕孔隙嶙峋的岩壁为柄式。旁镂雕斜伸修竹一茎，至口沿处，竹叶分向口内外低垂。细节刻画精到，竹叶之虫蚀瘢痕，一览无余。内壁亦刻成岩石状肌理，与外壁呼应。大面积的雕刻石纹在犀角雕刻中并不多见。此作将竹、石结合，吸收绘画的表现方式，取意蕴藉清雅，构图复杂得当，无疑是同类作品中的成功范例。

犀角雕瘿瘤纹杯

清代
高 7.4、口径 8.7~12.6、底径 3.9~4.3 厘米
故宫博物院藏

　　敞口，敛底，口沿略近椭圆，流部稍高。整体造型及装饰如截断的老树桩，以浅浮雕为主要技法。外壁大部分光素，仅于局部浮雕若干小瘤凸，一侧有剥裂的老皮。杯耳处浮雕密集的大小瘿瘤，重重叠叠，相互交错。瘿瘤本是树病，但在我国古代却因其千姿百态的花纹与肌理，而备受重视，瘿木雕刻甚至成为木雕中独立的品种。以树瘿作为装饰题材，在犀角雕刻中也有所体现，这件瘿瘤纹杯就是其中比较突出的一件。

犀角雕梅枝柄兽面纹杯

清代
高 10.3、口径 11.6~16.8、底径 4.5~4.9 厘米
故宫博物院藏

　　敞口，略呈椭圆，修身，高圈足。造型吸收了青铜觚的形式因素，但又与犀角的形状紧密结合，十分自然。杯外壁纹饰可分为口、身、足三部分。口、足饰夔龙。杯身略内凹，三道扉棱高度恰与上下二部相同，巧妙运用了去地浮雕技法，纹饰则为兽面。在杯流下方，草书阴刻"罗浮山下西湖上，独占江南第一香"诗句，并署"升甫"款。杯耳由一株屈曲梅枝构成，与高度图案化的器身装饰形成鲜明的对比。此杯色泽古雅柔和，器形新奇，显示出高度风格化的创作倾向。

犀角雕花瓣式杯

清代
高 11.5、口径 14.4 厘米
故宫博物院藏

　　六瓣葵花式，口微侈，深腹，圈
足亦呈花形。器形较大，器壁略厚，
但磨工细致，角质本身的纹理与光泽
凸显无遗。

犀角雕光素杯

清代
高 5.8、口径 8.6~18.5、底径 5.1~7.2 厘米
故宫博物院藏

　　敞口，平底，为截取犀角根部稍加
雕刻打磨而成。外壁凹凸不平，如块石，
如老树，充满抽象的装饰意趣。

犀角雕仙人乘槎杯

清代
长 16.8、宽 8.2、高 8 厘米
故宫博物院藏

　　保留犀角原初形状，将内部掏空，呈前窄后阔的船形。前端镂孔为流，中部微束腰。其上有人物倚坐，显然为随形材料而角度倾斜，表现长髯长者背靠枯枝，手捻胡须，向左侧头，神态极为安详。其身侧枯枝上挂一拂尘，似随风摆动，为人物增添了些许仙家风范。槎底浅浮雕水波翻卷成涡，水纹层次分明，细入毫发。整体器物风格轻巧工细，十分别致。

犀角雕布袋僧像

清代
高 7.9、底径 10~15.3 厘米
故宫博物院藏

　　雕像呈深栗色，下部略浅，以圆雕技法随形刻划。胖大和尚咧口而笑，憨态可掬，袒胸露腹，赤足屈肱，右手持桃，斜倚布袋而坐。又雕小童数人于其身周肩上嬉戏调笑。器底以木板封护。

　　布袋和尚即五代时僧人契此，民间传说为弥勒佛的化身，因此汉传佛教里常把弥勒表现成富态而平和的普通僧人形象，是一般信众心目中喜庆、健康、多福等美好愿望的化身。

　　这件犀角雕布袋和尚像将人物的神态传达得活灵活现，堪称同类雕刻中的佳作。

犀角雕鹰熊合卺杯

清代
高 13.2、口径 15、底径 10.4 厘米
故宫博物院藏

　　杯作双联式，单体皆为八棱形，斜直壁，高足。口沿浮雕夔凤纹，双杯之间镂雕怪鸟与异兽各一。鸟兽面有耳，双翅伸展如云，尾羽修长，卷曲于杯体另一侧。异兽被踏于其爪下，头生双角，颈长而弯，前足力撑，身体旋转一周后出现在另一侧。其造型独特，装饰诡奇，染色沉暗，古色古香。

　　明清时期一般把这种器物称为"合卺杯"，而其上装饰的鸟兽则被看作鹰与熊的变体，可以谐音为"英雄"，因此俗称"英雄合卺杯"。所谓合卺，是古代婚礼中的一种仪式，双杯联体，有永不分离之意。当然，这种器物在此时只是仿古作品，并非实用器具。其祖型多见于战国时楚文化及深受楚文化影响的汉代墓葬中。这种仿古双联杯应是较早在玉雕中出现，进而影响到犀角雕刻，不过同类器物留存极少，此作为其中突出代表。

犀角雕鹤鹿人物图杯

清代
高 17.6、口径 10~17.8 厘米、底径 6.2~7.4 厘米
故宫博物院藏

　　杯形较高，口部前倾，后填底。色泽金黄莹润，材质极佳。外壁雕刻山林景象，纹饰多达数层。口底浮雕山岩高起，树木稍低，而水纹则降至平面，故虽满密而主次清晰。杯体一侧崖岸上，二老者相向对谈，恬淡闲逸，一小童手托书函，立于其后。另一侧树木参天，双鹿对鹤，悠游其间。镂雕双树呈柄式，枝叶伸展，形成复杂的镂空效果。在整体纹饰中，作为主题的人物、动物的比例较树木等景物为大，似欲借此表现远近透视关系，颇具匠心。

犀角镂雕荷花式天然杯

清代
高 20、口径 7.8~8.2 厘米
故宫博物院藏

　　杯作筒形花式，口沿弯折，俯视呈三瓣连弧形，如花朵含苞待放。杯身下镂雕莲茎、莲蓬、莲叶、水仙、蓼草等，下部圆雕成一束，作绦带缠缚状，这是将自宋代即流行于瓷器等工艺领域中的"一把莲"纹饰，创造性作了立体表现。中部玲珑剔透的镂雕，形成了数条修长匀美的竖直线条。为避免雷同，又利用茎的弯曲、叶片的翻转以及荷叶的椭圆面，营造出线与面的对应关系，线与线的立体空间关系，以较少的造型元素构建多变的装饰效果，显现出高明的意匠。

颐和园文物回归

　　1900 年八国联军侵华期间，颐和园惨遭劫掠，万寿山佛香阁西侧宝云阁铜殿的十扇铜窗因此流失海外。1993 年，美国企业家莫里斯·格林伯格先生以重金购得这批铜窗，无偿赠还我国。此前，英国安布罗斯·哈丁博士无偿赠还了 1860 年英法联军劫掠自清漪园（颐和园前身）的清代铜鹤等文物。颐和园铜窗、铜鹤等是较早通过国际友人捐赠的方式回归的流失文物。

　　宝云阁的全部构件采用我国传统的"失蜡法"和"掰沙法"工艺铸造，之后再连铸在一起，成为一个整体铜殿，体现了我国熔模铸造技术的卓越成就，具有较高的科学价值。铜鹤的风格写实，造型丰满健硕，寓意吉祥。颐和园文物回归对于恢复颐和园完整性、真实性具有重要意义。

宝云阁铜窗窗芯

清代
长 106、宽 20、厚 1 厘米
北京市颐和园管理处藏

　　宝云阁是清代乾隆年间修建的清漪园内万寿山建筑群中之一景，用铜以失蜡法铸造，以铜仿木，精彩绝伦，亦称金殿，俗称"铜亭""铜殿"。其中曾供奉旃檀佛。阁内镌刻建造者姓名。金殿类建筑非该处独有，明代如武当山金殿，清代如昆明太和宫金殿、承德避暑山庄宗镜阁（已毁）。

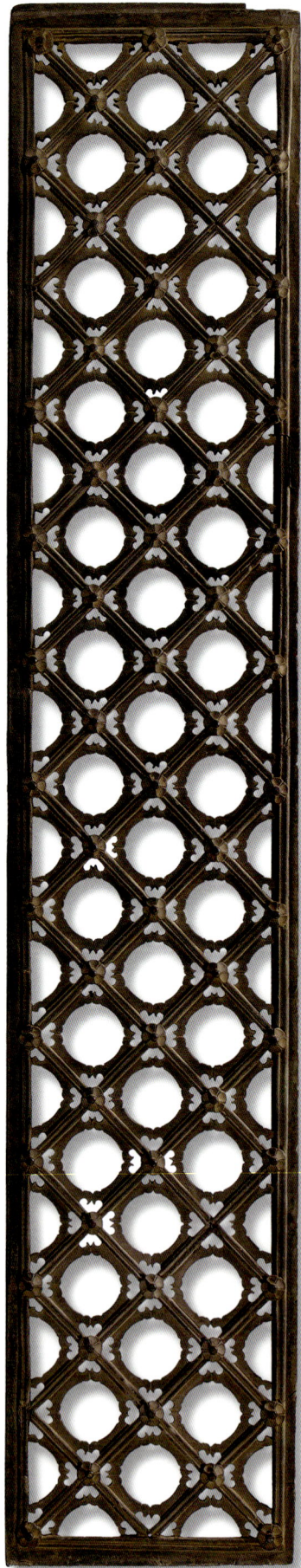

宝云阁铜窗

清代
北京市颐和园管理处藏

仙鹤铜蜡扦

清代
高 134.6、宽 35.4、长 40.5 厘米
高 109.4、宽 27.4、长 52 厘米
北京市颐和园管理处藏

　　此两支铜铸仙鹤并非一对，其一确为蜡扦，另一应为观赏所用。据《清宫颐和园档案》显示，自乾隆年间至宝云阁遭劫，阁内物品中未见有仙鹤蜡扦及同类陈设的记载。此物疑为其他宫殿、庙宇所失。

从英国追索三千件文物

　　1995 年 3 月，3400 余件中国文物被走私贩运至英国，被伦敦警方截获扣押。国家文物局获悉相关信息后，立即会同相关部门，综合运用执法合作、司法诉讼、协商谈判等多种方式追索这批流失文物。1998 年 3 月，文物持有人迫于强大的司法与舆论压力，最终同意将走私文物返还中国国家文物局，这是迄今为止我国最大规模的流失文物追索案例。

　　这 3400 余件文物时间跨度广，类型丰富，主要是来自山西、陕西、河南等地的被盗文物，包括远古化石、史前陶器、周代铜器、汉代印章、唐代墓志、宋元陶瓷、明代佛像、清代文书等。这批文物是我国辉煌灿烂文明的缩影，记录着古代中国政治、经济、文化、社会等信息。

1998 年 5 月，国家文物局通过法律程序成功索回被犯罪分子盗掘并走私到英国的 3000 多件（套）中国文物。这是我国首次大规模成功追索非法流失出境的中国文物。图为观众在参观索回文物。

绿釉陶鼎

汉代
中国国家博物馆藏

　　铅釉陶鼎是汉代最常见的仿铜陶器，多作随葬冥器。汉代人注重厚葬，随葬品力求丰富而精细，除少量石制品、金属制品、漆器以外，陶制品也被大量使用。该鼎应为子母口，盖已佚。鼎耳外撇，鼎足上部粗大、下部较细。

黄釉陶鼎

汉代
中国国家博物馆藏

彩绘灰陶仓

汉代
中国国家博物馆藏

彩绘带盖陶罐

汉代
中国国家博物馆藏

绿釉铺首陶壶

汉代
中国国家博物馆藏

绿釉陶壶

汉代
中国国家博物馆藏

绿釉陶壶

汉代
中国国家博物馆藏

绿釉陶樽

汉代
中国国家博物馆藏

绿釉双孔陶灶

汉代
中国国家博物馆藏

　　陶灶是仿实物缩小制作。汉代人在生者死后用陶仿制仓、灶、井、房屋、院落等日常生活中的实物作为冥器陪葬。这件陶灶为双孔，通体施绿釉，灶面装饰有鸡、鸭等各类食物以及碗、盘、勺等炊具。造型生动写实，具有浓郁的生活气息。

绿釉双孔陶灶

汉代
中国国家博物馆藏

绿釉陶仓

汉代
中国国家博物馆藏

三彩陶床

明代
中国国家博物馆藏

错金银嵌绿松石铜带钩

战国
长 18.3 厘米
中国国家博物馆藏

　　带钩是束在腰间皮带上的挂钩。
这件带钩钩身扁长呈琵琶形，钩颈窄
瘦，鸭形首。钩面饰几何形花瓣纹，
以错金银、绿松石镶嵌等工艺装饰。
在战国时期贵族墓葬中经常能见到各
种精美的带钩，运用鎏金银、错金银、
镶嵌等特种工艺制作，凸显使用者身
份的高贵。

琵琶形铜带钩

战国
中国国家博物馆藏

昭明铜镜

汉代

中国国家博物馆藏

四乳四虺纹铜镜

汉代

直径 9.4 厘米

中国国家博物馆藏

　　圆纽，圆纽座外有回旋线条纹及凸弦纹。两组细短斜线纹圈带内为四乳与四虺纹相间环绕。四乳带圆座，四虺呈钩形躯体，两端同形。其周围有冠羽鸟纹，素宽缘。四乳四虺纹铜镜是汉代流行的铜镜样式之一。该器保存完好，铜质精良。

日光铜镜

汉代
中国国家博物馆藏

海兽葡萄纹铜镜

唐代
中国国家博物馆藏

双鱼纹铜镜

金代
直径 8 厘米
中国国家博物馆藏

　　圆纽，双鱼体形较健硕，刻画精细逼真。鱼身周围水波纹略显粗疏，但不失自由欢快的情趣。这种双鱼纹铜镜是金代铜镜艺术的典型代表，颇具灵动感。

"为善最乐"铭铜镜

明代
中国国家博物馆藏

　　镜纽左右竖排楷书"为善""最乐"，字体古朴大方，浑然有力。"为善最乐"镜是元明时期较为常见的吉语镜之一，来源于南朝范晔《后汉书·东平宪王苍传》中汉明帝刘庄与其弟弟东平王刘苍的一次对话："日者问东平王，处家何等最乐？王言为善最乐。"

"长命富贵"铭铜镜

明代
中国国家博物馆藏

银锭纽杂宝纹铜镜

明代
直径 8.5 厘米
中国国家博物馆藏

　　银锭形纽，纹饰由上至下多层次排列。最上方为一展翅曲颈仙鹤，两侧饰双椒。第二层中间为方胜，两侧各有三粒宝珠。第三层即纽两侧各有一银锭。第四层为二书卷。最下方正中为一聚宝盆，上盛仙果什物。聚宝盆两侧为方胜与宝钱。第二、三、四层外侧各一人，相向而立，手持宝物。这种杂宝仙人铜镜在明代十分流行，象征吉祥如意。

铜佛像

明代
中国国家博物馆藏

铜佛像

明代
中国国家博物馆藏

石刻女子头像

明代
中国国家博物馆藏

庄氏捐赠书画文物

旅居菲律宾的华人收藏家庄万里先生，对中华传统文化有着深厚的眷恋和情感，多年来一直致力于搜集失散海外的中国文物。其收藏以书画文物尤精。庄万里不以私藏为念、务在保存国粹的信念深深影响了他的子女们。在他逝世后，其子女庄长江、庄良有秉承父亲遗志，于 2000 年将庄氏"两涂轩"珍藏的 232 件书画作品慨然捐赠给上海博物馆，圆满完成了老人一生"宣扬文化之素志"。

这批书画年代涵盖宋至近现代，数量可观，精品荟萃。其中，时代最早的宋《秋山萧寺图》是弥足珍贵的书画珍品。藏品中，董其昌、林良、陈洪绶、金农、郑燮、吴昌硕等人的杰作，也为古书画研究提供了珍贵的实物资料。

陈洪绶《探梅图》轴

明代
纵 131.3、横 49 厘米
上海博物馆藏

陈洪绶（1598～1652 年），字章侯，号老莲，浙江诸暨人。科举屡试不第，中年以监生授舍人，召以画师身份供奉内廷，以不如志向婉拒，返归故里。清军入关后，江南士人拼死抵抗，其师友多纷纷殉节，自觉愧对众人，落发为僧，抑郁而终。在绘画方面，表现出非凡的天赋，尤擅人物。此画二雅士携一小童跨马于林中瞻顾，四周溪水环绕，清新幽静。其以"探梅"为题，似作者表达自己高洁的精神世界。

林良《竹禽图》轴

明代
纵 154.1、横 76.5 厘米
上海博物馆藏

吴昌硕《四季花卉图》屏

清代
纵 130.5、横 65.7 厘米
上海博物馆藏

吴昌硕《四季花卉图》屏

金农《观音图》轴

清代
纵 95、横 31 厘米
上海博物馆藏

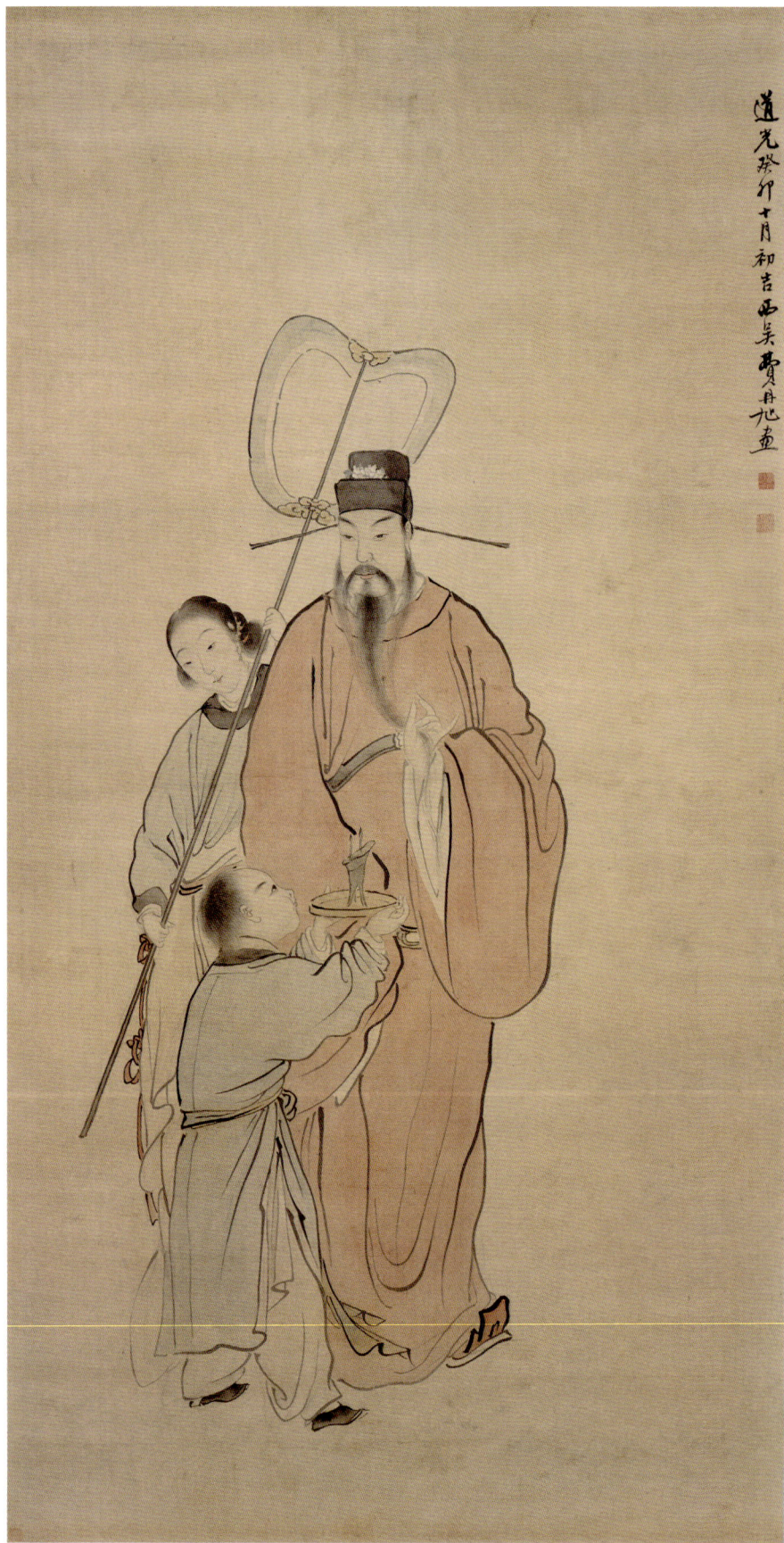

费丹旭《天官赐福图》轴

清代
纵 182、横 95.9 厘米
上海博物馆藏

康有为《行书五言联》

清代
纵 171、横 45.1 厘米
上海博物馆藏

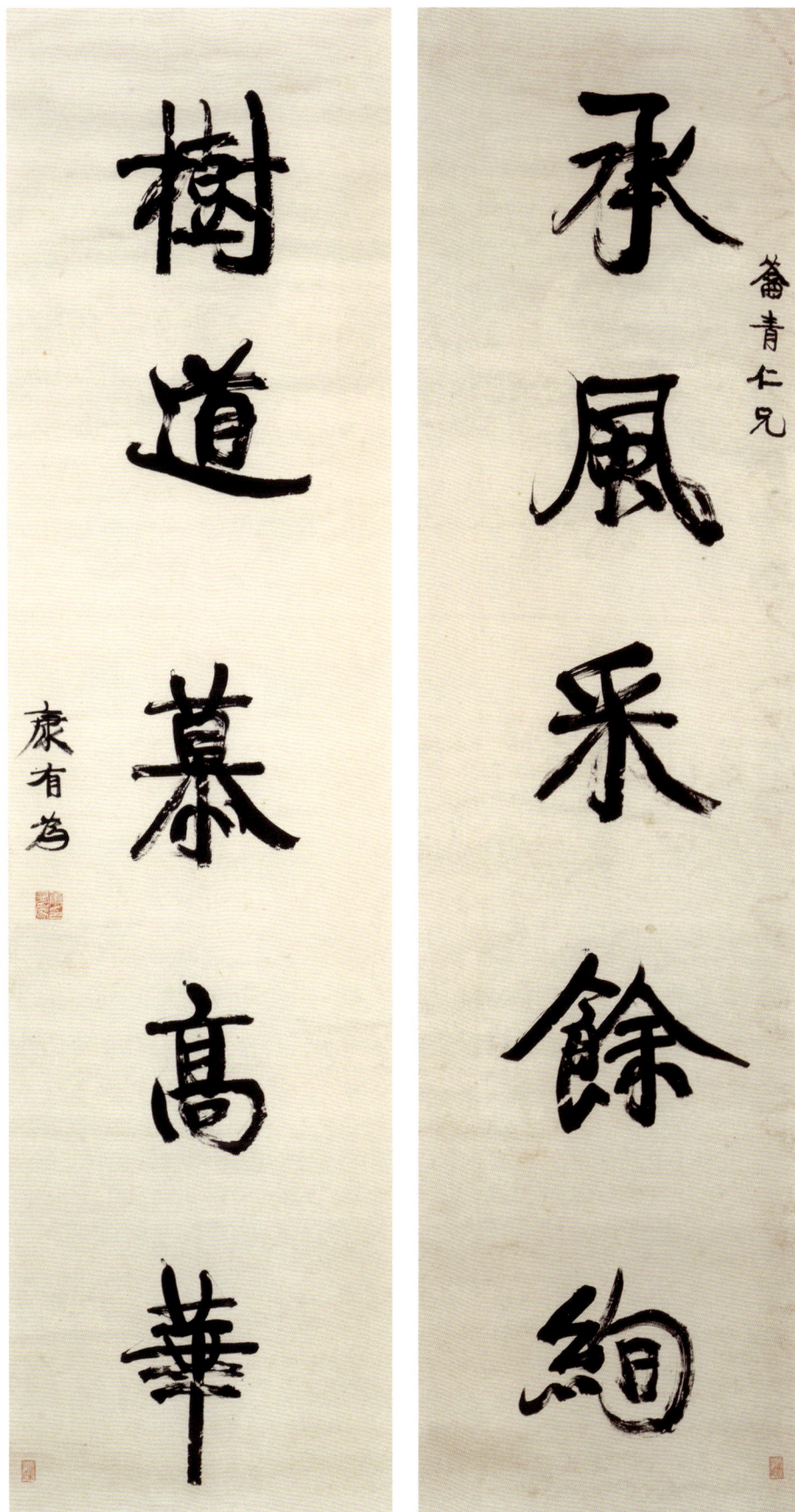

審青仁兄

承風采餘絢

樹道慕高華

康有为

从美国追索王处直墓浮雕石刻

　　2000 年，美国某拍卖行拍卖疑似我国被盗浮雕石刻的消息传至国内。经鉴定核查，国家文物局确认该彩绘浮雕武士像为 1994 年被盗的河北曲阳王处直墓甬道的两块石刻之一，随即启动追索工作。在中美两国政府通力合作下，文物被美国政府罚没，并经法院审理判决返还中国。美国收藏家安思远得悉上述情况后，也将自己收藏的另一块王处直墓甬道彩绘浮雕武士石刻无偿捐还中国。

　　这两件彩绘浮雕武士石刻原镶嵌于王处直墓甬道左、右两侧。武士像为长方形汉白玉雕刻而成，应是佛教护法天王形象。石刻雕刻细致，线条流畅，彩绘精施，风格上承唐代之余韵、下开宋元之先河，是研究五代艺术及考古的重要资料。

彩绘浮雕武士石刻

五代十国
宽 58、高 114.5 厘米
2000 年美国政府返还
中国国家博物馆藏

　　浮雕雕刻精细，敷彩华丽。武士身着盔甲，手持宝剑，分别立于麋鹿、神牛之上，肩上各立一龙一凤，为佛教护法神的天王形象。武士浮雕艺术风格上承唐代之遗韵，下开宋元之先河，是罕见的五代雕塑精品。

彩绘浮雕武士石刻

五代十国
宽 59、高 113.5 厘米
2000 年安思远捐赠
中国国家博物馆藏

第六节

龙门石窟石刻佛像回归

　　20 世纪初，洛阳龙门石窟遭到大规模破坏、盗凿，大批石窟佛像流落海外。2001 年 4 月，加拿大国家美术馆向中国国家文物局归还龙门石窟看经寺浮雕罗汉像，开启了龙门石窟流失造像回归序幕。2004 年至 2005 年，国家文物局经过严格论证，抢救征集了旅美收藏家陈哲敬先生收藏的古阳洞高树龛北魏释尊佛首等 7 件龙门石窟佛教造像。2005 年 10 月，在龙门石窟隆重举行"流失海外龙门石窟文物回归庆典"。这批石刻佛像的回归，对恢复龙门石窟这一世界文化遗产的完整性具有重要意义。

　　这 8 件石刻佛像属于北魏晚期至盛唐（493～755 年）中国造型艺术极盛时期的优秀作品，展示了在龙门形成并影响全国石窟造像的"中原风格"和"大唐风范"，具有重要的文物价值。特别是古阳洞高树龛北魏释尊佛头，不仅具有极高的艺术价值，而且是著名杨大眼大龛上方小型龛中现知唯一存世的主尊佛首。该龛左侧"高树造像记"为著名的北魏法书《龙门二十品》之一。

龙门胜概

高树龛佛首

北魏
高 32 厘米
美籍华人归还
龙门石窟研究院藏

　　此为龙门石窟古阳洞北壁上
层高树造像龛主尊的头像。佛头
为波纹高发髻，额心有白毫，长
眉细目，鼻梁高挺，嘴唇微抿。
佛像脸形修长，眉目清秀，表情
安详，是龙门石窟北朝时期"秀
骨清像"的代表作。

菩萨头像

北魏

高 23 厘米

美籍华人归还

龙门石窟研究院藏

看经寺罗汉像

唐代

高 84 厘米

加拿大政府返还

龙门石窟研究院藏

此为龙门石窟看经寺洞南壁罗汉像之一，从面部形象看，应是释迦牟尼的大弟子迦叶。看经寺洞约开凿于开元时期（713～741 年），洞内正壁和南、北两壁雕有二十九尊各具特色的等身罗汉像。此件罗汉像双眉紧皱，高鼻深目，宽嘴大耳，颧骨凸出。左手托莲蒂，右手持莲柄。雕像面部表现细致、生动，神态若有所思，体现了唐代雕塑深厚的写实功力。

佛头像

唐代
高 43 厘米
美籍华人归还
龙门石窟研究院藏

菩萨头像

唐代
高 37 厘米
美籍华人归还
龙门石窟研究院藏

佛头像

唐代
高 17.8 厘米
美籍华人归还
龙门石窟研究院藏

天王头像

唐代

高 33.5 厘米

美籍华人归还

龙门石窟研究院藏

飞天造像

唐代
长 36 厘米
美籍华人归还
龙门石窟研究院藏

英国返还清代大沽铁钟

　　大沽铁钟名为"乐威毅公祠"铁钟，是为纪念抗击英法联军壮烈殉国的直隶提督乐善于 1884 年铸造。1900 年八国联军侵华期间，铁钟被作为战利品掠走，存放在英国朴次茅斯市。2003 年以来，天津市政府通过多种渠道呼吁归还文物。2005 年 5 月，在中、英两国地方政府和社会各界的共同努力下，英国议会通过了无偿返还文物的提案，阔别故土 100 多年的铁钟终于回归祖国。

　　铁钟外壁上段铸有"风调雨顺国泰民安"八个大字，体现了积贫积弱时代人们对国家太平、人民安乐的祈愿。这口铁钟铭记着中国人民抗击外国侵略者的勇气和捍卫国家主权的决心，也见证了中华民族由弱变强的伟大历程。

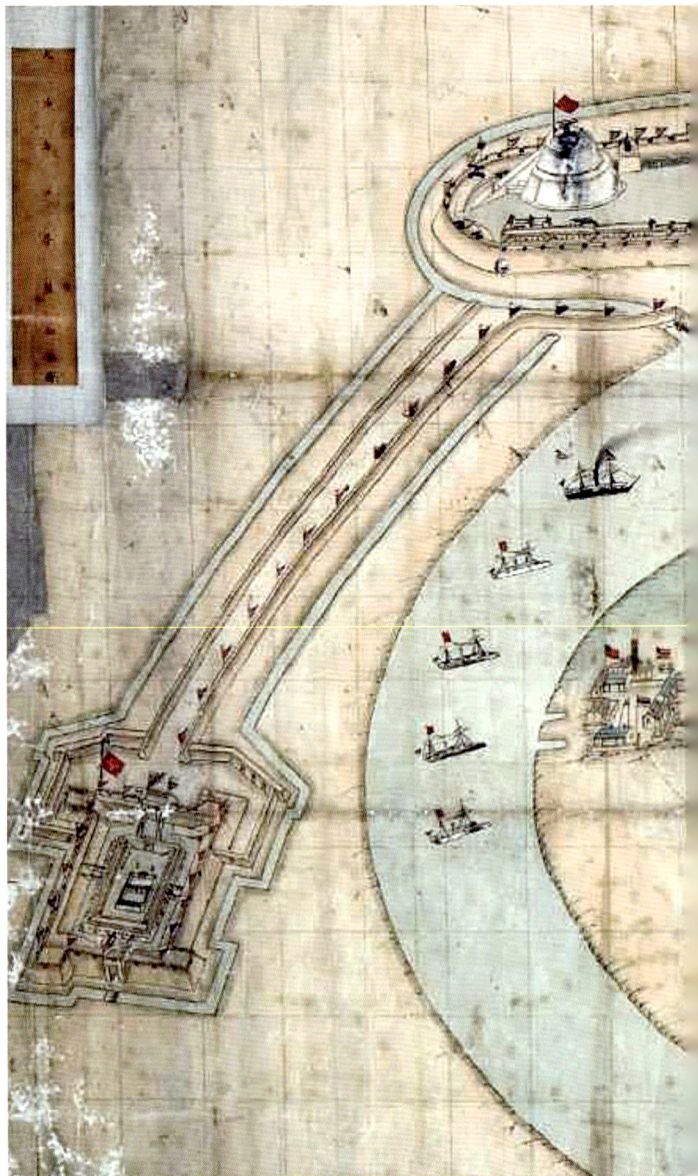

《大沽海口营盘全图》

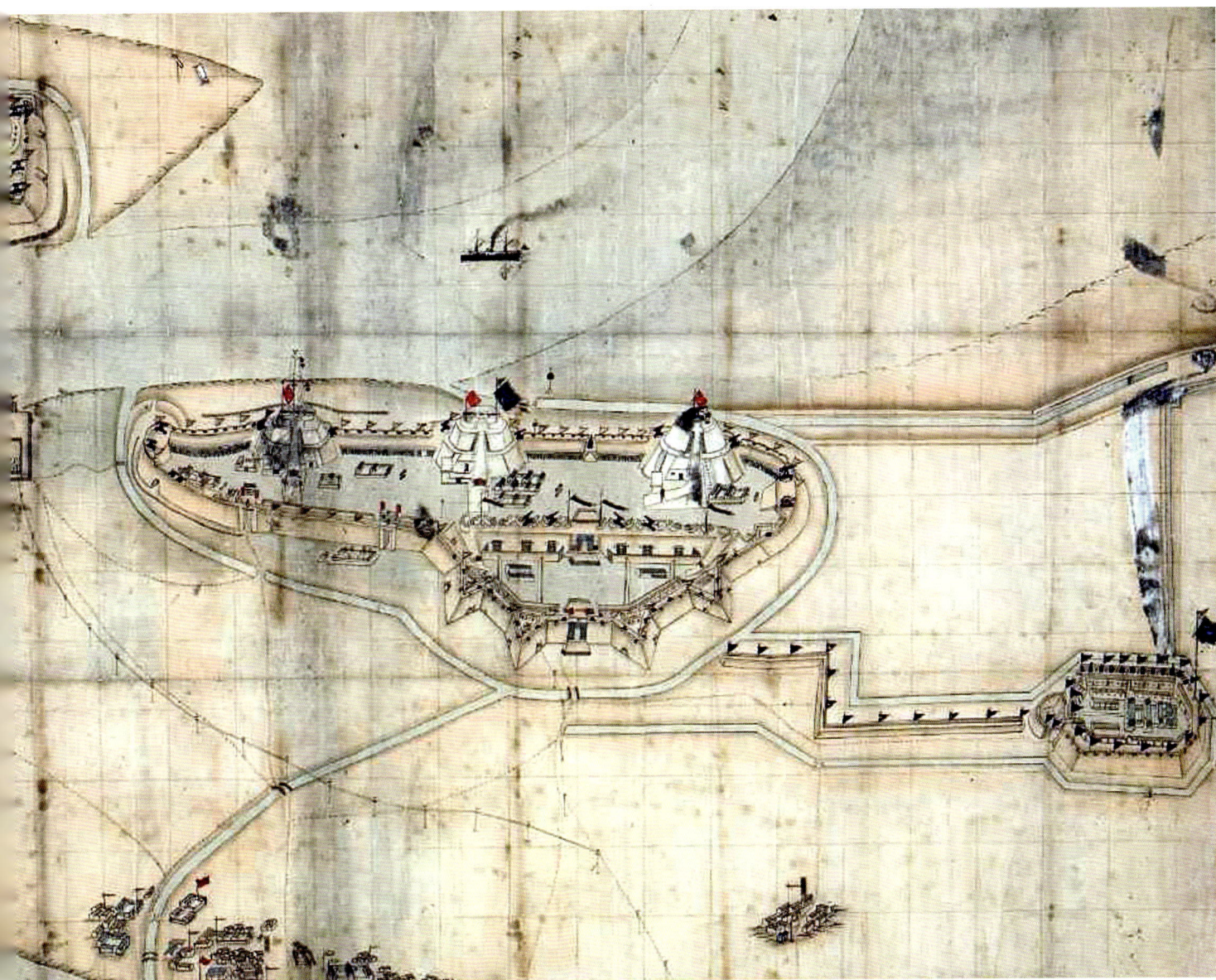

"乐威毅公祠"铁钟

清代
口径 58.5、高 65 厘米
大沽口炮台遗址博物馆藏

　　铁质范铸。钟体外侧有八个方格，分别铸有"风""调""雨""顺""国""泰""民""安"八字，范线巧妙地隐于方格边线中，美观统一。钟体下段有"大清光绪十年立，海口大沽，岳威毅公祠"，"皇图巩固，保定府，练军官兵，仝人公立"字样，记述了成造时间及其所属。此钟是清朝军人为纪念阵亡将领捐造，并求保一方平安。

从日本追索北朝菩萨石立像

　　1994 年 7 月，山东省龙华寺遗址北朝菩萨石立像被盗，后被日本美秀博物馆收藏。国家文物局接到相关举报信息后，与美秀博物馆进行多轮磋商洽谈，最终促成美秀博物馆同意将菩萨像无偿捐还中国。2008 年初，这尊菩萨像正式回归并入藏山东博物馆。这是我国运用协商谈判方式实现流失文物返还的又一经典案例。

　　这尊菩萨像头戴宝冠，面部丰满，身披璎珞，衣服稍薄而贴体，衣褶繁密。整体造型已显轻灵之意，是一尊典型的北朝时期作品。菩萨宝冠上装饰的蝉纹则是佛教造像本土化的一个重要例证。

蝉冠菩萨石立像

北朝
通高 120 厘米
山东博物馆藏

　　菩萨身躯修长，装饰华丽，头后带有巨大的圆形头光。头光的内层雕刻饱满的莲瓣，外层为同心圆，正面和背面纹饰相同。菩萨头冠正中饰以蝉纹，故称蝉冠。脸形方圆，眉清目秀，嘴角微翘，面含笑意。颈佩饰物，双肩覆搭帔帛，上身斜披内衣，下身穿着长裙，裙腰系结，结带中央垂下一条打结坤带。蝉冠最早出现于汉代，是陪伴在皇帝左右的侍从官佩戴的帽子。后代常常以"蝉冠"比喻显贵、高官，"蝉冠菩萨像"也由此寓意其高贵的身份。该样式雕像至今只在山东青州地区发现两例，是北朝时期石雕造像的代表作。

从丹麦追索文物

  2006年2月5日，丹麦哥本哈根市警方查扣了156件非法入境的中国文物，国家文物局随后派出工作组赴丹麦，对丹麦警方查获的中国文物进行现场鉴定评估，并在国内开展调查取证，决定通过国际司法诉讼方式启动文物追索。2008年2月，在历经两年的诉讼活动后，丹麦法院最终宣布中国国家文物局获得这批文物的所有权。同年4月，156件流失文物归国。这是我国通过司法诉讼方式成功追回的又一大批文物，充分彰显了中国政府追索流失文物的坚定决心。

  这156件文物艺术品主要来自我国陕西、山西、四川等省，时间涵盖新石器时代至元明时期，主体是出自被盗墓葬的陶瓷类随葬品。这些文物反映了古代政治、经济、文化、风俗等信息，为研究古代丧葬文化提供了实物资料。

三彩陶胡人俑

唐代
通高 32.8 厘米
海南省博物馆藏

三彩陶胡人俑

唐代
通高 31.5 厘米
海南省博物馆藏

三彩陶胡人俑

唐代
通高 30.8 厘米
海南省博物馆藏

灰陶彩绘文吏俑

北宋
通高 24.5 厘米
海南省博物馆藏

灰陶彩绘文吏俑

北宋
通高 24.4 厘米
海南省博物馆藏

灰陶牛尊

元代
通高 19.5、长 29.4 厘米
海南省博物馆藏

　　泥质灰陶。器物制作工艺为元代风格，器形规整，做工精细，陶质细腻，器表光洁。器物底座有"寄寄老人"款识。据文献记载，"寄寄老人"为金末元初活跃在长安的陈姓制陶名匠，其制陶工艺精湛，深受当时文人雅士的追捧。"寄寄老人"陶器实物与文献资料的相互印证，为中国陶瓷艺术史研究提供了新资料。

灰陶象

元代
海南省博物馆藏

灰陶马车

元代

通高 19.6、长 41.4 厘米

海南省博物馆藏

　　泥质灰陶。马双耳竖立，昂首挺立于长方形托板上，额顶分鬃，颈部长鬃下垂于两侧，背上覆盖鞍袱，马尾粗长下垂。车身与轮分别制作，车盖平面呈长方形，顶部略呈穹隆状，前端出檐稍长，车厢三面有壁，上部为仿木竖向窗棂格，车辕前端有兽首装饰，后端有云纹装饰。车轮边框凸起，与浮雕凸起的辐条相连。车轮中心为毂，两轮原以木轴通过毂正中的圆孔连接。

三彩陶侍俑

明代
通高 34.5 厘米
海南省博物馆藏

三彩陶侍俑

明代
通高 33.5 厘米
海南省博物馆藏

青白釉瓷魂瓶

元代

高 56.8、口径 9.1、足径 10.7 厘米

高 59.2、口径 9.4、足径 11 厘米

海南省博物馆藏

绿釉陶箱

明代
高 13.3、长 8.7、宽 6.2 厘米
海南省博物馆藏

三彩陶床

明代
高 49.3、长 45.6、宽 24.6 厘米
海南省博物馆藏

三彩陶交椅、陶供桌

明代
椅高 22.7、长 11.2、宽 8.7 厘米
椅高 22.7、长 8.5、宽 11 厘米
桌高 17.9、长 16.8、宽 8.9 厘米
海南省博物馆藏

三彩陶衣桁

明代
高 27.6、长 19、宽 6.5 厘米
海南省博物馆藏

绿釉陶屋

明代
高 40.5、长 27、宽 15.6 厘米
海南省博物馆藏

黄绿釉陶盆架

明代
高 16、长 13、宽 16 厘米
海南省博物馆藏

范季融捐赠青铜器文物

　　20 世纪 90 年代，甘肃秦公墓地与山西晋侯墓地先后被盗掘，一些被盗文物流失海外，其中部分青铜器流失美国后，被华人收藏家范季融、胡盈莹夫妇收藏。在国家文物局协商沟通下，2009 年 11 月，范季融夫妇将 9 件极为珍贵的秦公晋侯青铜器慨然捐赠国家，在海内外产生积极影响。

　　此次捐赠的 9 件青铜器是甘肃秦公墓和山西晋侯墓的出土文物，铸造精美，风格鲜明，具有重要文物价值。秦公青铜器中多数有"秦公"或"秦子"铭文，是研究秦国早期历史乃至中华文明史的珍贵资料。晋侯青铜器对历史学、考古学，特别是夏商周断代工程的研究，有着尤为重要的意义。

晋伯铜卣

西周
高 27.5 厘米
上海博物馆藏

　　卣盖内壁刻有铭文"晋伯作其旁宗宝彝其万年永用"，可知这是一件专门在宗庙里祭祀的青铜器。晋伯卣对研究西周早期晋国的礼仪制度有着重要的资料价值。

晋侯苏铜鼎

西周
高 23.4、口径 26.9 厘米
上海博物馆藏

晋侯对铜盨

西周
高 17.4、长 21.5、宽 15.7 厘米
上海博物馆藏

垂鳞纹铜鍑

春秋
高 22.1、口径 18.8 厘米
上海博物馆藏

青铜鍑的形制基本特征为圆口，双耳，深腹，喇叭形圈足，铜鍑是先秦时期西北地区草原文化的产物。这件铜鍑口沿下所饰的窃曲纹和腹部所饰的垂鳞纹组合，与甘肃礼县大堡子山秦公墓地出土的秦公鼎一致，很可能也出自该墓。此器系典型的秦式鍑，是不同地域文化交流的结果。

秦公铜鼎

春秋
高 30.5、口径 31 厘米
上海博物馆藏

三件秦公鼎形制、纹饰、铭文相同，大小相次，属于一套列鼎，鼎内壁铸铭六字曰："𥉥（秦）公乍（作）宝用鼎。"三件鼎极具秦文化特征，形制是典型的秦式鼎，腹部所饰兽目交连的大窃曲纹也未在秦以外的其他地区发现。器主是春秋早期的秦国国君，很可能是秦文公。这三件秦公鼎出自甘肃礼县大堡子山春秋早期秦公墓地，大堡子秦公墓地是秦国早期的西垂陵区。

秦公铜鼎

春秋
高 32.4、口径 33 厘米
上海博物馆藏

秦公铜鼎

春秋
高 35.2、口径 35.5 厘米
上海博物馆藏

秦公铜簋

春秋
高 16.4、口径 18.7 厘米
上海博物馆藏

秦公铜簋

春秋
高 16.2、口径 18.9 厘米
上海博物馆藏

从美国追索唐代石椁和壁画

2004年至2005年间，陕西西安市长安区唐代敬陵遭到多次盗掘，贞顺皇后彩绘石椁和五幅壁画被盗并走私至美国。2006年案件告破后，公安、文物部门迅速启动文物追索工作，历经六年的调查取证和艰难谈判后，被盗石椁和壁画被成功追回。

石椁和壁画出自贞顺皇后墓，按唐代皇后礼仪制作，体量、装饰工艺较为罕见。石椁为庑殿式仿木结构建筑造型，为目前所知出土的最高等级的石椁；壁画图案精美、色彩丰富且保存完好。这些文物是研究唐代皇室丧葬制度的重要材料。

唐贞顺皇后石椁原位于墓室西部，为庑殿式仿木结构建筑造型，坐西向东，青石质，面阔三间，进深两间。长399厘米、宽258厘米、高245厘米，重约26吨。石椁由盖顶、椁板、立柱、基座共31块石材组成，为目前所知出土的等级最高的石椁。

◀红衣男装仕女图壁画

唐代
高 119.3、宽 79.1 厘米
陕西历史博物馆藏

▶高髻持如意仕女图壁画

唐代
高 119.8、宽 59.8 厘米
陕西历史博物馆藏

　　武惠妃是武则天的堂兄恒安王武攸止之女，开元十二年（724年）玄宗废王皇后，赐武氏为惠妃，礼秩同皇后。开元二十五年(737年)十二月七日，武惠妃薨于兴庆宫，追赠贞顺皇后，次年二月二十二日葬于敬陵。敬陵位于西安市长安区大兆乡庞留村西侧，墓葬近年多次被盗掘。2010年，经过警方和文物部门的追索，被盗石椁和壁画得以归国并入藏陕西历史博物馆。其中壁画五幅。画面内容为随从侍女，有女扮男装的侍女、打扮雍容的高髻侍女，以及着男装、戴幞头的捧盒侍女。人物线条流畅，描绘细致，展现了别样的女性之美。

曹其镛捐赠漆器文物

　　香港收藏家曹其镛先生和夫人曹罗碧珍女士热爱中华传统文化，醉心中国古代漆器的收藏。2012 年和 2014 年，曹其镛夫妇两次将毕生收藏的 168 件珍贵漆器无偿捐赠浙江省博物馆，补充和完善了浙江省博物馆相关门类的收藏。其慷慨捐赠义举令世人感佩。

　　这批古代漆器年代跨度从宋元至明清，数量众多、品质精良，既有曾经珍藏于宫廷的官作漆器，也有民间制漆匠人制作的漆器小品。不仅是中国漆器工艺演进的实物资料，也为后来者创作设计提供了很多有益的启示。

黑漆菊瓣式盒

元代

直径 22、高 18 厘米

浙江省博物馆藏

　　此盒外髹黑漆，内饰以红，漆层厚且坚实，光亮如新。盒盖俯视为花朵造型，内以同心圆象征花蕊，花瓣外侧起筋，贯穿盒体。盒的下半部分做成花瓣状，上下呼应。造型独特，稳重大方，极具观赏效果。

绿地剔红山水人物图双联盒

清代
长 29.5、宽 19.5、高 19 厘米
浙江省博物馆藏

剔红山水人物图提梁匣

清代
长 37、宽 18.5、高 28.5 厘米
浙江省博物馆藏

　　匣外以剔红手法雕刻山水场景，开远疏阔，云淡风轻，仙鹤遨游，近处设携琴访友图。匣内有抽屉六，两扁位居上下，四方成对分列左右，环绕出中间一个方形开放格。此类匣具在清宫中或为文具盒，或用来盛放赏玩的小巧奇珍。

剔红八蛮进宝图葵瓣式盒

清代
直径 28.7、高 14.5 厘米
浙江省博物馆藏

　　盒通体髹朱漆雕花纹，盒内及盒底髹光亮的黑漆地。盖面圆形开光内，雕刻有单线回形天纹和两种不同的地纹，上雕山石、树木、楼阁等作为背景，人物图案为"八蛮进宝"，有的推着载满宝物的车，有的赶着驮满各种珍奇异宝的大象，大象上面驮着插着如意的宝瓶，有"太平有象"的美好寓意。盒壁开光内雕刻有折枝花卉纹，开光为仿青铜器纹饰的变形云雷纹。

剔红大吉葫芦瓶

清代
高 38 厘米
浙江省博物馆藏

堆彩锦纹桃式盒

清代
直径 11.9、高 4.8 厘米
浙江省博物馆藏

朱地剔黑花鸟纹盘

清代
直径 32、高 5 厘米
浙江省博物馆藏

填漆戗金云龙纹菊瓣式捧盒

清代
直径 43.5、高 17 厘米
浙江省博物馆藏

党 的 "十 八 大" 以 来

协和万邦 四海归心

　　进入新时代，在习近平新时代中国特色社会主义思想引领下，在中国特色大国外交推动下，我国流失文物追索返还工作取得了一系列新突破、新进展，进入了全方位发展、多层次提高的新阶段。文物追索"朋友圈"迅速扩大。在国际公约框架下，我国政府与二十余个国家就流失文物追索返还签署双边协议，建立合作机制，与美、意等国政府间追索返还实践逐步深入。文物返还"中国声音"显著提高，主导制定反映文物流失国诉求的《敦煌宣言》，坚持呼吁历史流失文物应回归原属国，为完善文物返还国际秩序贡献中国方案。流失文物回归成果丰硕，圆明园虎鎣、秦公金饰片、皿方罍器身、曾伯青铜器等一大批珍贵文物，自欧洲、北美、日本等地重回祖国。国之所倡，民之所随，四海之内，一心同归。中华儿女积极响应国家号召，为流失文物回归汇聚磅礴力量。

皿方罍器身回归

皿方罍号称 "方罍之王"，1919 年出土于湖南省桃源县漆家河，器身辗转流失境外，器盖在新中国成立后被湖南省博物馆收藏。2013 年底，皿方罍器身出现在国际拍卖市场，引起国内外高度关注。2014 年，湖南省文化机构与收藏家组成联合代表团赴美，在国家文物局协调下，成功促成皿方罍器身回归并入藏湖南省博物馆。

皿方罍为商代晚期酒器，器盖内铸"皿而全乍（作）父己䵼（尊）彝"铭文，器身内铸"皿乍（作）父己䵼（尊）彝"铭文，器盖造型借鉴商代宫殿和宗庙建筑形制。该罍器形硕大，雄浑庄重，铸造精美，纹饰富丽，为中国青铜器鼎盛发展时期的代表之作，是中华文明和湖湘文化源远流长的物证。

皿铜方罍

商代
器身高 63.6 厘米
湖南省博物馆藏

方罍造型庄重高峻，雄奇伟岸，是目前所见最大的青铜方罍，故有“罍王”之誉。器身曾流失海外近百年，2014 年洽购回国入藏湖南省博物馆，盖身得以完璧合一。盖铭八字：“皿而全乍（作）父己隮（尊）彝。”器銘六字：“皿乍（作）父己隮（尊）彝。”皿是作器者的族名。此器为祭祀父己的大型礼器。

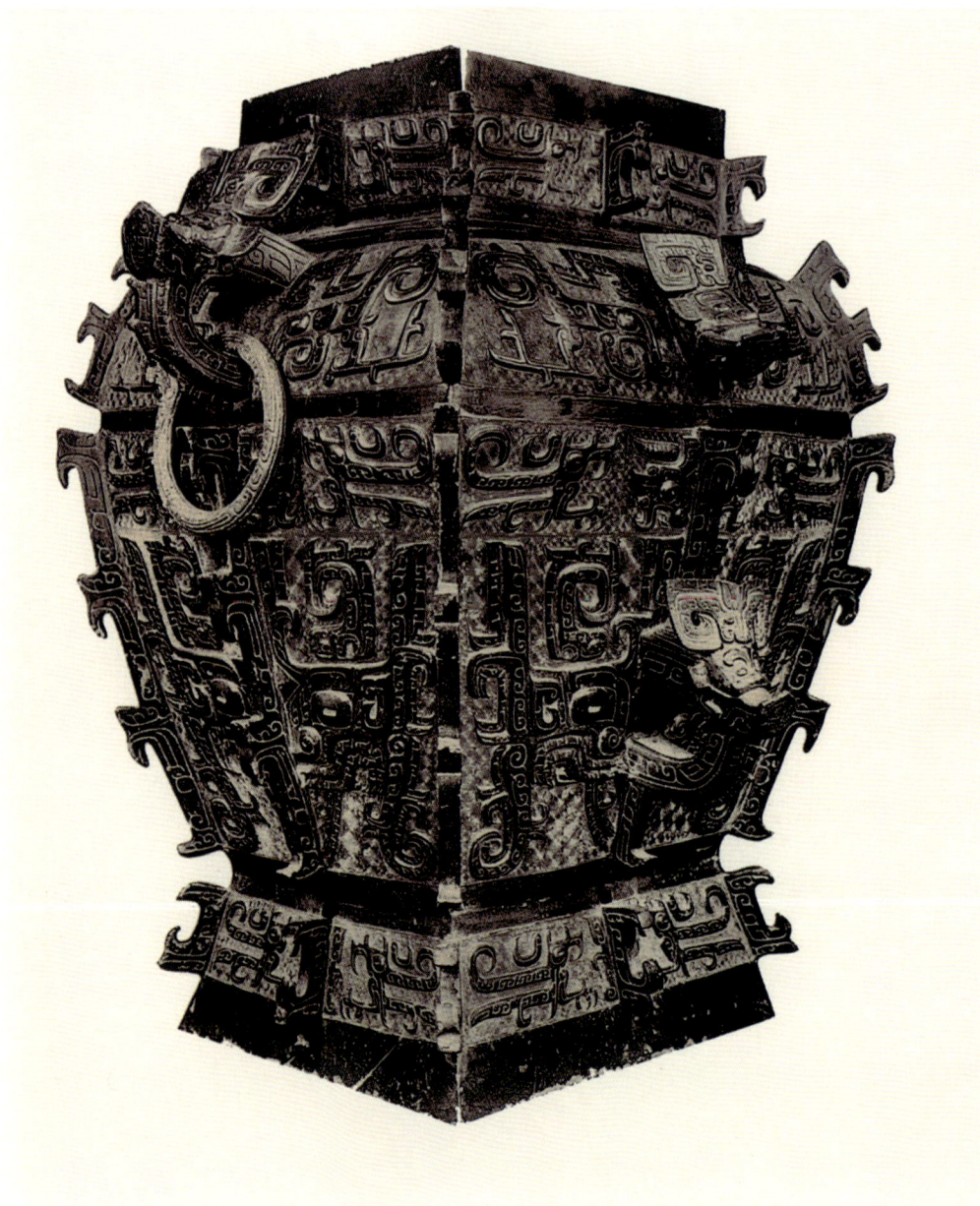

器身兽面纹拓片

器身铭文拓片

秦公墓地金饰片回归

　　20 世纪 90 年代，甘肃秦公墓地惨遭盗掘，大量珍贵文物流失海外，其中一部分金饰片被法国收藏家获得，并捐赠给吉美博物馆。2015 年，国家文物局与法方通过长达数年的协商谈判，最终促成法国政府将金饰片退出法国国有馆藏并返还原捐赠人，由捐赠人法国收藏家弗朗索瓦·皮诺先生和克里斯蒂安·戴迪安先生将文物归还中国。此次文物返还是在中法两国政府的友好合作和相关人士的积极努力下，突破文物所在国法律障碍实现文物返还的成功典范。

此前，香港收藏家郭炎在了解到大堡子山秦公墓地流失文物情况后，于 2011 年将自己从境外购买的两件鸷鸟形金饰片和一组金饰片捐赠给国家文物局。

这批秦公墓地金饰片是目前发现年代最早的秦文化金器。据推测为铠甲、马胄、棺具、车辆等的装饰物，对于了解早期秦人使用金器及与西戎民族间的交流具有重要意义，是研究早期秦文化的珍贵实物材料。

大堡子山遗址遗迹分布图

2006 年大堡子山遗址乐器坑

鸷鸟形金饰片

春秋
高 45.8 厘米
甘肃省博物馆藏

　　纹饰采用捶揲之法制成。钩喙，环目，长尾。通身饰变形窃曲纹。喙、首、背、尾、腹、爪等部位分布有九处双眼钉孔。此器原应附着在皮革上，当作马面胄使用。

鸷鸟形金饰片

春秋
高 42.7 厘米
甘肃省博物馆藏

口唇纹金饰片

春秋
高 11.7~11.9、宽 7.4~7.5 厘米
甘肃省博物馆藏

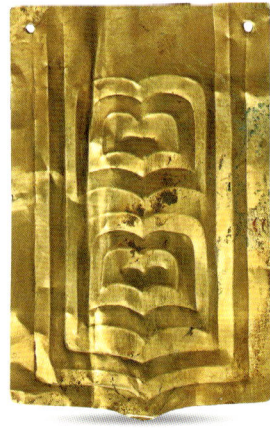

金饰片

春秋
高 11.8 ～ 13.1、宽 10 厘米
甘肃省博物馆藏

口唇纹金饰片

春秋
甘肃省博物馆藏

金饰片

春秋
高 12.3~12.8、宽 10.3~10.6 厘米
甘肃省博物馆藏

圭形金饰片

春秋
甘肃省博物馆藏

金饰片

春秋
高 39、宽 15 厘米
甘肃省博物馆藏

盾形金牌饰

春秋
甘肃省博物馆藏

第三节

邓峪石塔塔身回归

1998 年，山西榆社县的邓峪石塔塔身被盗后，被贩卖至我国台湾地区，当地信众将其捐赠给中台禅寺。中台禅寺方丈惟觉长老得悉塔身系山西被盗文物的情况后，立即表达了将其返还原属地的良好愿望。2016 年，在国家文物局协调下，山西博物院与中台禅寺签署捐赠文物协议，石塔塔身重归故里。塔身的回归，缘于海峡两岸的血脉亲情，是留在两岸民众心间、载入两岸文化交流史册的标志性事件。

邓峪石塔雕造于唐开元八年（720 年），高约 3 米，单层楼阁式，自下而上由基座、塔身、塔檐（带平座）、塔刹四部分套合而成。该塔是我国古代纪年佛塔的代表性作品，体现了盛唐造像的鲜明特点，显示出大唐盛世的文化与艺术气魄，对于研究唐代佛教艺术与雕刻艺术等具有非常重要的价值。

山西榆社县邓裕石塔塔基现址

邓峪石塔塔身

唐代

高 177、宽 56、厚 52.5 厘米

山西博物院藏

山西闻喜西周、春秋青铜器回归

　　2018年,山西省公安机关成功打掉盘踞闻喜县多年的"盗墓涉黑"犯罪集团,破获相关刑事案件300余起,追回涉案文物3000余件。其中,西周早期青铜器义尊、义方彝和春秋时期晋公盘三件珍贵文物早年被盗掘走私后,一直流落境外。公安部门得知被盗文物情况后,立即依法启动追缉行动并成功追回文物,展现了我国政府打击文物犯罪、保护文物安全的国家力量与决心。

　　义尊和义方彝为酒器。均铸有 "隹十又三月丁亥, 武王赐义贝三十朋,用作父乙宝尊彝"铭文,义方彝器底另铸有 "丙"字。据专家研究, "义"是"丙"族的后裔, "丙"族为殷商遗民,周灭商后,还保留了殷商遗民较高的政治地位。晋公盘共有铭文183字,记述晋国先祖的丰功伟绩并祈福孟姬, 从侧面反映了当时晋国政治、礼仪及日常生活的面貌。

义铜尊

西周
高 34.2、口径 25.3、底径 18 厘米
山西博物院藏

　　义尊的形制是商周时期常见的三段式觚形尊, 花纹满工, 扉棱凸起。整器高峻挺拔。颈下部饰蘷纹和鸟纹的组合, 两者相互叠压, 这一现象在商周青铜器纹饰中十分罕见。内底铸铭文23字, 内容为武王赏赐义二十朋贝。义尊和义方彝是西周成王时期的标准器。

义铜方彝

西周
通高 49、口径 26.3×21.7、
底径 24×19 厘米
山西博物院藏

　　义方彝造型端庄稳重，纹饰瑰丽，从纹饰特征和铭文内容来看，它与义尊为同组器，是盛放裸祭所用鬯酒的容器。盖内铸铭文 22 字，器内底铸铭文 23 字，内容记武王赏赐义二十朋贝。义属于丙族，其身份为殷遗民。义方彝是目前所见唯一一件带提梁的方彝，弥足珍贵。

晋公铜盘

西周
高 11.7、口径 40 厘米
山西博物院藏

　　此盘设计颇为奇特，内底浮雕、圆雕有水鸟、龟、蛙、鱼等水生动物形象。这些圆雕动物都能在原处360 度转动，鸟嘴可以开合，栩栩如生，颇富情趣。上海博物馆藏子仲姜盘也有类似的装置，二者如出一辙。盘内壁铸有铭文 184 字，追述了晋国始祖唐叔虞、晋宪（献）公的功绩。此盘是晋公嫁女的媵器。作器者晋公很有可能是"春秋五霸"之一的晋文公。

从英国追索青铜虎鎣

　　青铜虎鎣原为清宫皇室旧藏，1860 年被英国军官哈利·埃文斯从圆明园劫掠后由其家族收藏。2018 年 3 月，虎鎣即将在英国拍卖的消息引发国内外舆论强烈关注，国家文物局立即开展信息收集、协商谈判、协调联动、宣传引导等多方面工作，最终促成虎鎣买家将文物无偿捐赠给中国政府。虎鎣的回归，彰显了中国人民对流失文物始终不渝的关心与守护。

　　"虎鎣"为行"沃盟之礼"所用的水器，顶盖内铸有"自乍（作）奴（供）燮（鎣）"铭文。因器盖、流部有虎形纹饰，故称"虎鎣"。据"虎鎣"相关流传资料和所配器座来看，这件文物应是清代皇室的收藏。现存商周铜鎣寥寥数件，以虎为装饰主题的鎣仅此一件。

铜虎鎣

西周
高 26、口径 12.6 厘米
中国国家博物馆藏

　　虎鎣以流口处所饰卧虎纹饰得名，盖饰浮雕半龙半虎造型，颇为殊异。盖内铸有铭文 4 字曰："自乍（作）奴（供）燮（鎣）。"说明此器为祭祀供奉使用。鎣是盂的别称，目前所知自名为鎣的器物还有 8 件。虎鎣与铜盘组成一套完整的水器，是行沃盟之礼的器具。

美国两次返还文物

2015 年 12 月，美国国土安全部在中国驻美国大使馆，向中国国家文物局移交了 22 件中国流失文物和 1 件古生物化石。此次返还是习近平主席访美的重要成果之一，标志着中美两国在文物追索返还行动上的相向而行和相互支持。2014 年 4 月，美国联邦调查局印第安纳波利斯分局查获了 361 件（套）中国文物并向中方通报信息。经过中国国家文物局、中国驻美国使领馆、美国国务院和美国联邦调查局五年的共同努力，这批文物艺术品于 2019 年初全部回到中国，这是中美签署政府间谅解备忘录以来两国间最大规模的中国流失文物返还。

美国 2015 年返还文物包括玉器、铜器和陶器等，均为唐代以前文物，具有很高的历史和艺术价值。美国 2019 年返还文物主要为中国古代随葬品，包括石器、玉器、铜器、陶器、钱币、建筑构件等，保存状况好，涵盖时间广。这些文物是考察古代生活的实物资料，承载着古代中国政治、经济、文化、风俗等历史信息。

三璜连玉璧

新石器时代
中国（海南）南海博物馆藏

青玉圭

新石器时代
中国（海南）南海博物馆藏

三叉形玉器

新石器时代
中国（海南）南海博物馆藏

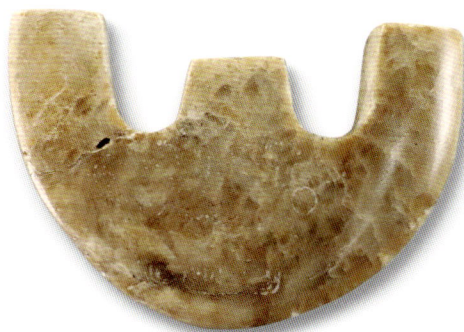

青玉鱼

西周
中国（海南）南海博物馆藏

青铜盘

战国
中国（海南）南海博物馆藏

鎏金铜框镶玉卮

西汉

中国（海南）南海博物馆藏

　　杯体为上下通直的圆筒形铜框，分为四格，每格内镶嵌长方形弧面玉片，构成一个圆口四棱筒形座杯。铜平底座下置四鸟足，底面饰有两圈同心弦纹及中心勾连谷纹。侧附铜质鎏金单耳錾与棱柱相连。杯身铜框阴刻菱形几何纹，辅以边缘弦纹，内平素。玉片外表饰勾连谷纹。盖亦为铜框镶玉。铜框为卷云状，嵌镶三枚玉片，纹饰与杯身相同。盖中心有花瓣状盖纽。

铜错金银鎏

西汉
中国（海南）南海博物馆藏

海兽葡萄纹铜镜

唐代
中国（海南）南海博物馆藏

彩绘带盖陶壶

汉代
北京鲁迅博物馆藏

彩绘茧形壶

汉代
北京鲁迅博物馆藏

彩绘陶方壶

汉代
北京鲁迅博物馆藏

画像砖

汉代
北京鲁迅博物馆藏

　　画像砖始于战国，盛行于两汉，主要用于建筑或墓葬中。砖面多有模制、雕刻和彩绘的图案。汉画像砖题材广泛，内容包罗万象，多与墓主人的身份和经历有关，是研究汉代民风、民俗的珍贵资料。这件画像砖上展示的是车马出行的场面，线条流畅，气韵生动。

陶圈及家畜

汉代
长 27、宽 12、高 19 厘米
北京鲁迅博物馆藏

　　汉代整体社会较为安定，
特别是随着地主阶层的兴起，
庄园经济得到了长足的发展。
汉代随葬的陶器中，不仅有
陶俑和陶制的生活用品，还
有大量陶房屋、陶圈和家畜，
是汉代人日常生活的反映，
展现了其"事死如事生"的
理念。

绿釉陶樽

汉代
高 19.5 厘米
北京鲁迅博物馆藏

陶仓

汉代
高 28.5 厘米
北京鲁迅博物馆藏

绿釉陶轿

明代
高 21 厘米
北京鲁迅博物馆藏

黄绿釉陶榻

明代
长 30.5、宽 16.5、高 18 厘米
北京鲁迅博物馆藏

绿釉陶箱

明代
北京鲁迅博物馆藏

黄绿釉陶桌

明代
长 25.5、宽 16.5、高 16 厘米
北京鲁迅博物馆藏

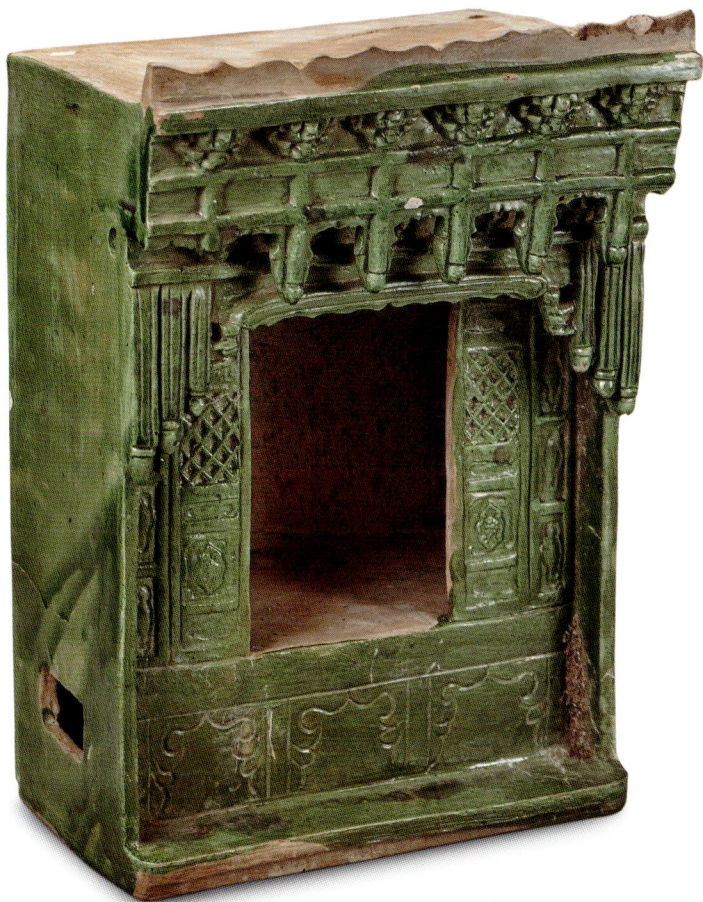

绿釉陶床

明代
北京鲁迅博物馆藏

绿釉陶屋

明代
高 18、宽 12、厚 12 厘米
北京鲁迅博物馆藏

黄绿釉陶俑

明代
北京鲁迅博物馆藏

嘎巴拉碗

清代
长 22、宽 19、高 6 厘米
北京鲁迅博物馆藏

嘎巴拉碗

清代
长 13、宽 6.5、高 5 厘米
北京鲁迅博物馆藏

意大利返还文物

2007 年，意大利文物宪兵在本国文物市场查获大量疑似非法流失的中国文物艺术品，随即启动国内司法审判程序。国家文物局在获知相关信息后，先后多次组织开展调查研究工作，为司法审判提供证据支撑，并通过外交渠道向意大利政府正式提出文物返还要求。2019 年初，意大利法院终审判决将这批文物艺术品返还中国。2019 年 3 月 23 日，习近平主席出访意大利期间与孔特总理会谈并见证 796 件中国文物艺术品返还活动。这是近二十年来最大规模的中国文物艺术品返还，也是中意两大文明古国共同树立的打击文物非法贩运、促进流失文物返还国际合作新范例。

这批文物艺术品主要是来自我国甘肃、陕西、四川、山西、河南和江苏等地的出土与传世物品，时代跨越新石器时代至民国时期，具有较高的文物价值。其中，丰富多样的新石器时代彩陶，纹饰精美多姿，为研究史前社会风貌提供直接的物质资料；数量众多的汉代陶器，造型古朴浑厚，是汉代辉煌灿烂文明的缩影；具有代表性的唐代骆驼俑、马俑、人物俑，记录着古代东西方文化交流互鉴的重要历史信息。

中意代表签订《中华人民共和国文化和旅游部与意大利共和国文化遗产和活动部关于 796 件中国文物艺术品返还的证书》

双耳彩陶罐

新石器时代
中国国家博物馆藏

　　这件彩陶罐是马家窑文化马厂类型的典型作品，表面以红、黑二色绘圆圈、网格纹等。马家窑文化继承并发展了仰韶文化的彩陶技艺，从而将中国远古时期彩陶艺术再次推向高潮。

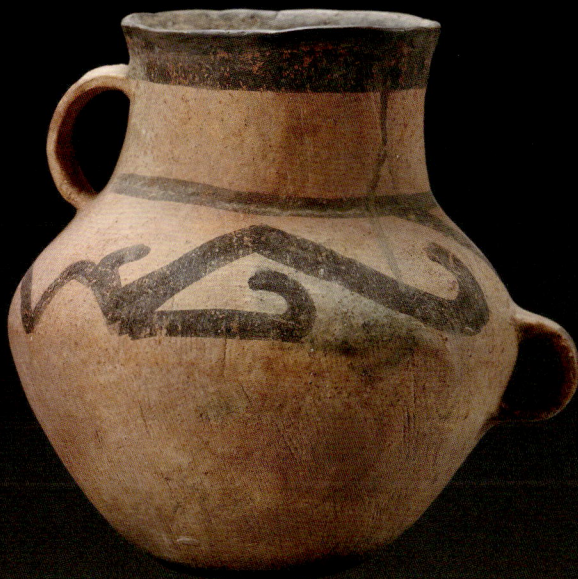

双耳彩陶罐

新石器时代
中国国家博物馆藏

双耳彩陶罐

新石器时代
中国国家博物馆藏

双耳彩陶罐

新石器时代
中国国家博物馆藏

双耳彩陶罐

新石器时代
中国国家博物馆藏

双耳彩陶罐

新石器时代
中国国家博物馆藏

双耳彩陶罐

新石器时代
中国国家博物馆藏

原始瓷钵

战国
中国国家博物馆藏

茧形陶壶

汉代

中国国家博物馆藏

　　这两件陶壶为泥制灰陶，其中一件施彩绘，另一件通体饰条带纹，腹呈横向长椭圆状如蚕茧，故得名。茧形陶壶有祈愿农蚕丰产之意，创烧于战国中期，盛行于西汉，东汉后逐渐消失。

陶仓

汉代
中国国家博物馆藏

陶仓

汉代
中国国家博物馆藏

陶俑

汉代
中国国家博物馆藏

陶俑

汉代
中国国家博物馆藏

陶俑

汉代
中国国家博物馆藏

陶俑

汉代
中国国家博物馆藏

陶俑

汉代
中国国家博物馆藏

陶灶

汉代
中国国家博物馆藏

陶马

汉代
中国国家博物馆藏

陶马

汉代
中国国家博物馆藏

陶马

唐代
中国国家博物馆藏

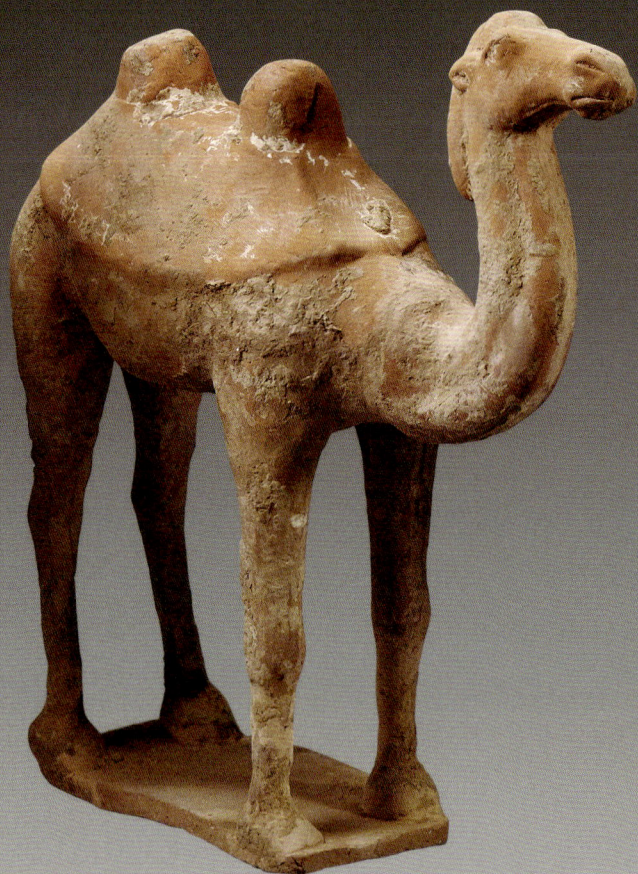

黑釉盏

宋代
中国国家博物馆藏

黑釉盏

宋代
中国国家博物馆藏

黑釉盏

宋代
中国国家博物馆藏

陶床

明代
中国国家博物馆藏

陶柜

明代
中国国家博物馆藏

从日本追索曾伯克父青铜组器

2019 年 3 月，国家文物局在获知日本某拍卖企业拟拍卖 8 件疑似湖北被盗青铜器的消息后，立即会同公安、外交等相关部门开展紧锣密鼓的追索行动，一方面通过刑事侦查调查文物被盗走私情况，另一方面与日本政府有关部门进行协商，促使日本相关拍卖企业终止文物拍卖，敦促文物持有人将曾伯克父青铜组器归还中国政府。经过各方努力，这批青铜器于 8 月 23 日回到祖国。此次曾伯克父青铜组器成功追索，是在习近平总书记等中央领导同志的关心下，我国政府依据相关国际公约，在日本政府的配合协助下，实现的流失文物的回归。

该组青铜器出自春秋早期曾国高等级贵族克父墓葬，铸造精致，保存完整，鼎、簋、盨、壶、甗、罐器类同时出现。每件器物上均铸有子孙颂扬先祖之德，以求子孙万代得以庇佑的铭文，共计 330 字，其中簋器、盖对铭共 100 字，每器均带有自名，对研究春秋早期青铜器的铸造与断代以及曾国历史文化具有重要学术价值。整组青铜器定为国家一级文物。

曾伯克父铜鼎

春秋早期
通高 28.9、口径 24.5 厘米

　　此鼎形制为半球腹蹄足鼎，与三门峡上村岭虢国墓地 1820 号墓出土的窃曲纹鼎相近，是春秋初年常见的鼎形之一。口沿下饰一周重环纹，腹中部有一周凸弦纹。内壁铸铭文 46 字，记伯克父甘娄立有战功，受赐铜材，铸造此鼎用于祭祀先父。器主行伯，字克，甘娄是其私名。

铭文曰："伯克父甘娄遒执干戈，用伐我仇敌，乃得吉金，用自作宝鼎，用享于其皇考，用赐眉寿，黄耇其万年子孙孙永宝用享。"

曾伯克父铜罐

春秋早期

通高 35、口径 13、腹径 30 厘米

　　侈口，细长颈，广肩，敛腹，平底，双环耳，这种形制的罐较为特殊，迄今所见数量很少。此器与襄阳博物馆藏折线纹铜罐十分相似，时代为春秋初年。颈外壁铸铭文八字"曾白（伯）克父自乍（作）飤罍（罐）"，强调此为盛酒之器。学界认为，罐实际为罍这类酒器的别称，是一种特殊称谓。

铭文曰："曾白（伯）克父自乍（作）飤罍（罐）。"

曾伯克父铜簋

春秋早期
通高 26、口径 18.5 厘米

　　此簋形制与 1970 年山东济南历城北草沟出土的鲁伯大父簋相似，极具春秋初年的特征。三附足作象鼻形，富有艺术感。盖内铸铭文 50 字，记述曾伯克父甘娄为祭祀祖父、父亲铸造了这件大簋，祈求长寿多福。铭文中具有祈福性质的嘏辞成熟发达。

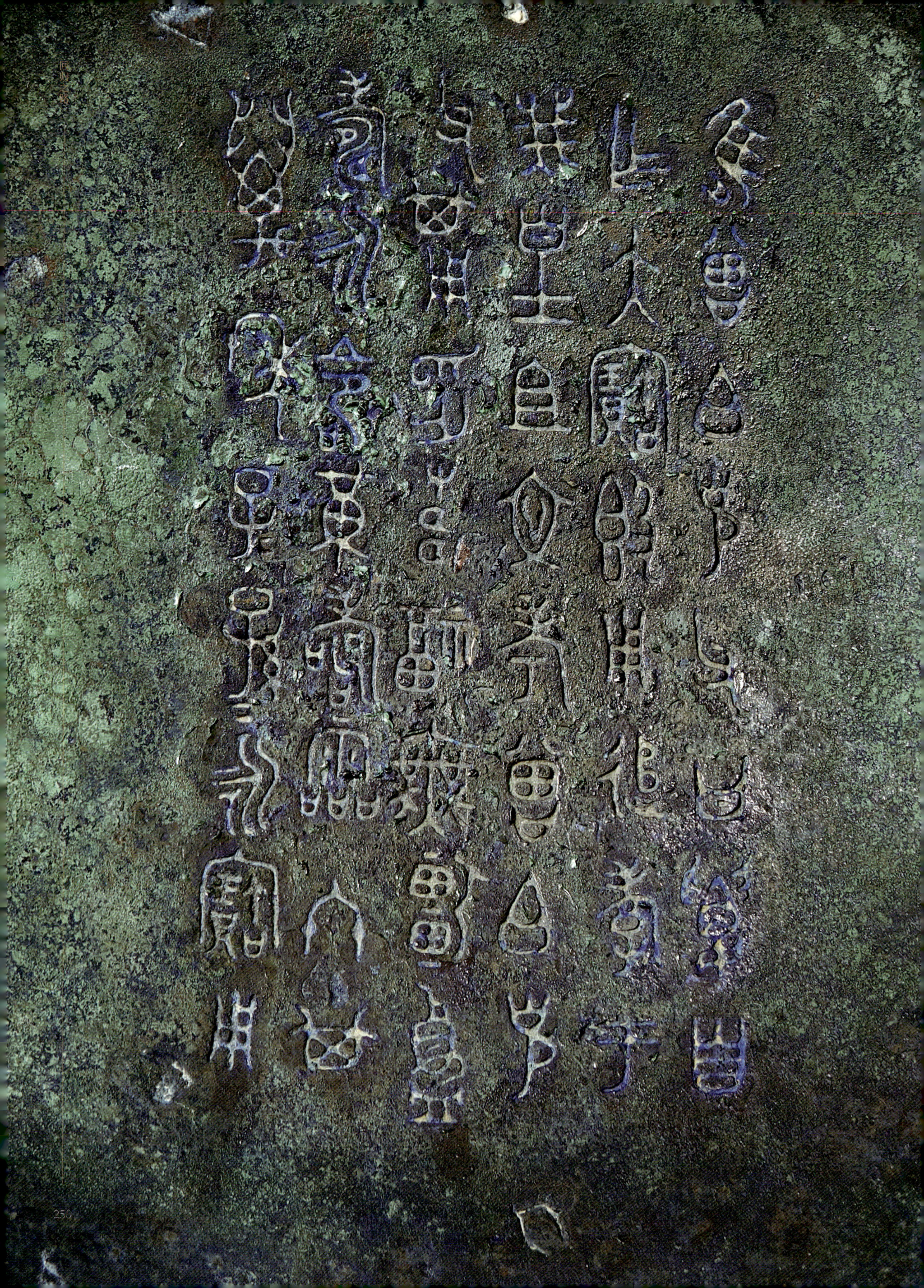

铭文曰："唯曾伯克父甘娄自作大宝簋，用
追孝于我皇祖，文考。曾伯克父其用受多福
无疆眉寿、永命、黄耇、灵终，其万年子子
孙孙永宝用。"

曾伯克父铜甗

春秋早期
通高 42.5、口径 32 厘米

　　此甗为分体式，由甑和鬲两部分组成，是蒸食的炊具。甑的形制与 1978 年山东曲阜鲁国故城望父台的鲁仲齐青铜甗相近。腹内壁铸铭文 16 字，表示此甗可在出行时使用。器主为曾伯克父甘娄，曾为其氏。此人系春秋早期曾国贵族。

铭文曰："唯曾伯克父甘娄乃用作旅甗子孙永宝。"

曾伯克父铜盨

春秋早期
长 33、宽 19、高 19 厘米

　　青铜盨最早出现于西周中期偏早阶段，
呈偶数组合，功能与青铜簋相同，与铜鼎
搭配。这对铜盨形制与 1977 年山东曲阜
鲁国故城望父台 30 号墓出土的鲁伯愈盨相
似，时代为春秋初年。器盖对铭 16 字，作
器者为曾伯克父甘娄，此对盨可在外出行
时使用。

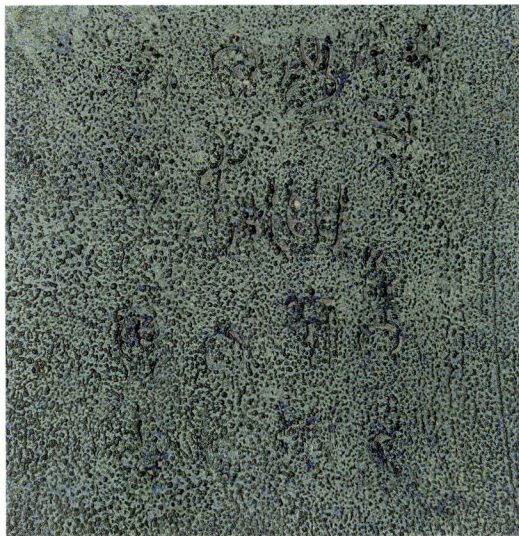

盖内铭文曰："唯曾伯克父甘娄乃用作旅盨子孙永宝。" 器底铭文与盖内铭文内容相同。

曾伯克父铜壶

春秋早期

通高 33 厘米

这套壶的形制与山西曲沃北赵晋后墓地 63 号墓出土的杨姞壶接近，时代在春秋初年。盖子口与颈内壁铸有对铭 24 字，内容为曾伯克父自作盛酒之壶，以祈长寿。在两周时期的墓葬中铜壶多成对出土，在青铜器组合中占有重要地位。

铭文曰："唯曾伯克父自作宝飤壶，用害眉寿，黄耇，其万年子孙永宝用。"

文载于物，族髓附间。

运脉牵连，兴者襄见。

"文化是一个国家、一个民族的灵魂。文化兴国运兴，文化强民族强。"文物承载国运，牵连民心。一段文物流失史，经百年愤怒、无奈、悲凉的熔铸，已经融入中华儿女情感基因，激励国人时时警醒，砥砺前行。一条文物归来路，七十年筚路蓝缕，路转峰回，每一次回归，都在凝聚着民心、激昂着力量，重重擂响中华民族走向复兴的鼓点。

文物流失，渐成过去时。

文物回归，正在进行时。

红日初升，其道大光。中华民族创造了具有五千多年历史的灿烂文明，也一定能够创造出更加灿烂的明天。

祝福祖国。祝福祖国的明天更美好！

附录

流失文物追索返还的相关文物保护法律、法规政策及其他

中央人民政府政务院禁止文物图书出口令

（1950 年 5 月 27 日）

查我国具有历史文化价值之文物图书，在过去反动统治时代，往往官商勾结，盗运出口，致使我国文化遗产，蒙受莫大损失。今反动政权业已推翻，海陆运输均已畅通，为防止此项文物图书继续散佚起见，特制定"禁止珍贵文物图书出口暂行办法"随令颁发，希即转令所属遵照办理为要。

附发"禁止珍贵文物图书出口暂行办法"一件。

禁止珍贵文物图书出口暂行办法

第一条 为保护我国文化遗产，防止有关革命的、历史的、文化的、艺术的珍贵文物及图书流出国外，特制定本办法。

第二条 下列各种类之文物图书一律禁止出口。

（一）革命文献及实物。

（二）古生物：古代动植物之遗迹、遗骸及化石等。

（三）史前遗物：史前人类之遗物、遗迹及化石等。

（四）建筑物：建筑物及建筑模型及其附属品。

（五）绘画：前代画家之各种作品，宫殿、寺庙、冢墓之古壁画，以及前代具有高度美术价值之绣绘、织绘、漆绘等。

（六）雕塑：具有高度艺术价值之浮雕、雕刻，宗教的、礼俗的雕像，以及前代金、石、玉、竹、木、骨、角、牙、陶瓷等美术雕刻。

（七）铭刻：甲骨刻辞、玺印、符契、书板之雕刻等，及古代金、石、玉、竹、木、砖、瓦等之有铭记者。

（八）图书：具有历史价值之简牍、图书、档案、名人书法、墨迹及珍贵之金石拓本等。

（九）货币：古贝、古钱币（如刀、布、钱、锭、交钞、票钞等）。

（十）舆服：具有历史价值之车舆、船舰、马具、冠履、衣裳、带佩、饰物及织物等。

（十一）器具：古代生产工具、兵器、礼乐器、法器、明器、仪器、家具、日用品、文具、娱乐用品等。

第三条　凡属上述范围之文物图书，经由中央人民政府政务院核准运往国外展览、交换、赠予，并发给准许执照者，准许出口。

第四条　凡无革命、历史、文化价值之文物图书，或有革命、历史、文化价值之文物图书的复制品及影印本，均可准许出口。

第五条　凡准许出口之文物图书，其出口地点以天津海关、上海海关、广州海关三处为限。但属于第三条所指情形者，不在此限。

第六条　凡报运出口文物图书，均须于起运或邮寄前，逐件详细开列种类、名称、大小、重量、年代之清单及装箱单，向各准许出口地点之对外贸易管理局报告，由对外贸易管理局交当地文物出口鉴定委员会，按照报运人所报清单与报运出口之文物图书逐件核对、鉴定之。各地对外贸易管理局可凭当地文物出口鉴定委员会之鉴定证明，予以发给出口许可证。海关或邮局凭证放行。

第七条　文物出口鉴定委员会分设于天津（包括北京）、上海、广州，由中央人民政府文化部在各该地区邀请专家若干人，对外贸易管理局、海关及邮局报派若干人为委员组成之。

第八条　凡已经各地文物出口鉴定委员会鉴定证明，并经各地发给出口许可证之文物图书，应由各地海关或邮局人员监视装箱，与报运人会同加封，以防暗中调换。

第九条　凡有违反本办法之规定，企图盗运上列禁运出口之文物而经海关或邮局查获者，除没收其物品外，得按情节之轻重予以惩处。

第十条　本办法自公布之日起实行。

关于禁止和防止非法进出口文化财产
和非法转让其所有权的方法的公约

（1970 年 11 月）

联合国教育、科学及文化组织大会第十六届会议于 1970 年 11 月 14 日在巴黎通过。

序言

联合国教育、科学及文化组织于 1970 年 10 月 12 日至 11 月 14 日在巴黎召开第十六届大会，忆及其第十四届大会通过的《国际文化合作原则宣言》所载规定的重要性，考虑到各国间为科学、文化及教育目的而进行的文化财产交流增进了对人类文明的认识、丰富了所有民族的文化生活并激发了各国之间的相互尊重和了解，考虑到文化财产实为构成文明和民族文化的一大基本要素，只有尽可能充分掌握有关其起源、历史和传统背景的知识，才能理解其真正价值，考虑到各国有责任保护其领土现存的文化财产免受偷盗、秘密发掘和非法出口的危险，考虑到为避免这些危险，各国必须日益认识到其尊重本国及其他所有国家的文化遗产的道义责任，考虑到博物馆、图书馆和档案馆作为文化机构应保证根据普遍公认的道义原则汇集其收藏品，考虑到非法进出口文化财产和非法转让其所有权阻碍了各国之间的谅解，教科文组织的一部分职责就是通过向有关国家推荐这方面的各项国际公约以促进这一谅解，考虑到只有各国在国家和国际层面上组织起来，密切合作，才能有效保护文化遗产，考虑到教科文组织大会在 1964 年就此通过了一项建议，已收到关于禁止和防止非法进出口文化财产和非法转让其所有权的方法的各项进一步建议，这一问题业已作为第十九项议程项目列入本届会议议程，第十五届会议已决定就这一问题制订一项国际公约，在 1970 年 11 月 14 日通过本公约。

第一条

为了本公约的目的，"文化财产"一词系指每个国家，基于宗教或世俗的理由，明确指定为具有重要考古、史前史、历史、文学、艺术或科学价值的财产并属于下列各类者：

1. 动物群落、植物群落、矿物和解剖以及具有古生物学意义的物品的稀有收集品和标本；

2. 有关历史，包括科学、技术、军事及社会史，有关国家领袖、思想家、科学家、艺术家之生平以及有关国家重大事件的财产；

3. 考古发掘（包括正常的和秘密的）或考古发现的成果；

4. 业已肢解的艺术或历史古迹或考古遗址之构成部分；

5. 一百年以前的古物，如铭文、钱币和印章；

6. 具有人种学意义的文物；

7. 有艺术价值的财产，如：

（1）全部是手工完成的图画、绘画和绘图，不论其装帧框座如何，也不论所用的是何种材料（不包括工业设计图及手工装饰的工业产品）；

（2）用任何材料制成的雕塑艺术和雕刻的原作；

（3）版画、印片和平版画的原件；

（4）用任何材料组集或拼集的艺术品原件；

8. 稀有手稿和古版书籍，有特殊意义的（历史、艺术、科学、文学等）古书、文件和出版物，不论是单本的或整套的；

9. 邮票、印花税票及类似的票证，不论是单张的或成套的；

10. 档案，包括录音、照片和影像档案；

11. 一百年以前的家具物品和古乐器。

第二条

1. 本公约缔约国承认文化财产非法进出口和所有权非法转让是造成这类财产的原主国文化遗产枯竭的主要原因之一，并承认国际合作是保护各国文化财产免遭由此产生的各种危险的最有效方法之一。

2. 为此目的，缔约国承诺充分利用现有手段反对这种非法行径，尤其是通过消除其根源、制止当前的非法行径和对必要的赔偿提供协助等手段。

第三条

文化财产的进出口或所有权转让，如违反缔约国依本公约而制订的规定，应属非法。

第四条

本公约缔约国承认，为了本公约的宗旨，凡属以下各类财产均为每个缔约国的文化遗产的一部分：

1. 有关国家的国民的个人或集体才智所创造的文化财产和居住在该国领土境内的外国国民或无国籍人在该国领土内创造的对有关国家具有重要意义的文化财产；

2. 在国家领土内发现的文化财产；

3. 经此类财产原主国主管当局的同意，由考古学、人种学或自然科学团体所获得的文化财产；

4. 经自由协商同意交易的文化财产；

5. 经此类财产原主国主管当局的同意，作为赠送品而接收的或合法购置的文化财产。

第五条

为确保保护文化财产免于非法进出口和所有权的非法转让，本公约缔约国承诺，若尚未设立保护文化遗产的国家机构，则在与其本国情况相适应的情况下，在其领土之内建立一个或一个以上的国家机构，配备足够人数的合格工作人员，以有效地行使下述职责：

1. 协助制订旨在切实保护文化遗产特别是防止重要文化财产的非法进出口和非法转让的法律和规章草案；

2. 根据全国受保护财产清册，制订并不断更新一份其出口将造成国家文化遗产的严重枯竭的重要的公共及私有文化财产的清单；

3. 促进发展或成立为保证文化财产的保护和展出所需之科学及技术机构（博物馆、图书馆、档案馆、实验室、工作室……）；

4. 组织对考古发掘的监督，确保某些文化财产的原址保护，并保护某些地区，供今后考古研究之用；

5. 为有关各方（博物馆长、收藏家、古董商等）的利益，制订符合于本公约所规定道德原则的规章，并采取措施保证遵守这些规章；

6.采取教育措施，鼓励并提高对各国文化遗产的尊重，并传播关于本公约规定的知识；

7.任何种类的文化财产，一旦丢失，应确保对之进行适当的宣传。

第六条

本公约缔约国承诺：

1.引入适当证件，出口国将在该证件中说明所涉文化财产的出口已经过批准。根据规定出口的各种文化财产，均须附有此种证件；

2.除非附有上述出口证件，禁止文化财产从本国领土出口；

3.通过适当方法宣传这种禁止，特别要向可能出口或进口文化财产的人群进行宣传。

第七条

本公约缔约国承诺：

1.采取与本国立法相一致的必要措施，防止其领土内的博物馆及类似机构获取来源于另一成员国并于本公约在有关国家生效后非法出口的文化财产。本公约对两国均已生效后，如发现针对从原主缔约国非法运出的此类文化财产的买卖要约，应尽可能通知该原主国。

2.（1）本公约对有关国家生效后，禁止进口从本公约另一缔约国的博物馆或宗教的或世俗的公共纪念馆或类似机构中窃取的文化财产，如果该项财产业已用文件形式列入该机构的财产清册；

（2）本公约对有关两个国家生效后，根据原主缔约国的要求，采取适当措施收回并归还进口的此类文化财产，但请求国须向不知情的买主或对该财产具有合法权利者给予公平的赔偿。要求收回和归还失物必须通过外交部门进行。请求方应提供主张收回和归还的必要文件及其他证据，费用自理。各方不得对遵照本条规定而归还的文化财产征收关税或其他费用。归还和运送文化财产过程中所需的一切费用均由请求方负担。

第八条

本公约缔约国承诺对违反上述第六条（2）和第七条（2）所列的禁止性规定负有责任者处以刑罚或行政制裁。

第九条

本公约的任一缔约国在其文化继承物由于考古或人种学的材料遭受掠夺而处境危险时得向受到影响的其他缔约国发出呼吁。在此情况下，本公约缔约国承诺参与国际协力合作，以确定并实施必要的具体措施，包括对有关的特定物资的进出口及国际贸易实行管制。在尚未达成协议之前，有关各国应在可能范围内采取临时性措施，以避免对请求国的文化遗产造成不可弥补的损失。

第十条

本公约缔约国承诺：

1. 通过教育、信息通报和警戒等手段，限制从本公约缔约国非法运出的文化财产的流转，并视各国情况，要求古董商保存一份登记簿，将每件文化财产的来源、提供者的姓名与住址、每件已售物品的描述与价格记录下来，并应把此类财产可能禁止出口的情况告知该文化财产的购买人，违者应受刑事或行政制裁。

2. 努力通过教育手段，唤起并加强公众的以下意识：文化财产所蕴含的价值以及偷盗、盗掘与非法出口对文化遗产造成的威胁。

第十一条

一个国家直接或间接地由于被外来势力占领而被迫出口文化财产或转让其所有权应被视为非法。

第十二条

本公约缔约国应尊重由其负责国际关系的领土内的文化遗产，并应采取一切适当措施禁止并防止在这些领土内非法进出口文化财产和非法转让其所有权。

第十三条

在与其法律相一致的情况下，本公约缔约国还承诺：

1. 如果文化财产所有权的转让会加剧此类财产的非法进出口，则应采取一切适当的手段阻止之；

2. 保证其适格的机构予以合作，以促使非法出口的文化财产尽早返还其合法所有人；

3. 受理遗失或被盗文化财产的合法所有人或其代表提起的归还之诉；

4. 承认本公约的每个成员国拥有以下不可废除的权利：对文化财产加以分类，并宣布特定类别的文化财产是不能让与的，因而据此不能出口；如果此类文化财产已经出口，应便利相关公约缔约国收回之。

第十四条

为防止非法出口、履行本公约所规定的义务，本公约各缔约国应在可能范围内为其负责保护文化遗产的国家机关提供足够的预算并在必要时为此目的设立一项基金。

第十五条

在本公约对有关国家生效前，本公约之任何规定不应妨碍缔约国之间自行缔结有关返还从其原主国领土上不论以何种理由转移之文化财产的特别协定，或制止它们继续执行业已缔结的有关协定。

第十六条

本公约缔约国应在向联合国教育、科学及文化组织大会提交的定期报告中，提供它们已经通过的立法和行政规定和它们为实施本公约所采取的其他行动，并详细介绍在此领域取得的经验，报告的日期及方式由大会决定。

第十七条

1. 本公约缔约国可以向联合国教育、科学及文化组织请求给予技术援助，特别是有关：

（1）情报和教育；

（2）咨询和专家建议；

（3）协调和斡旋。

2. 联合国教育、科学及文化组织可以主动进行有关非法转移文化财产问题的研究并出版研究报告。

3. 为此，联合国教育、科学及文化组织可以请求任何非政府的主管组织予以合作。

4. 联合国教育、科学及文化组织可以主动向本公约缔约国提出有关本公约的实施的建议。

5. 经两个以上对本公约的实施有争议的本公约缔约国的请求，联合国教科文组织得进行斡旋，使它们之间的争端得到解决。

第十八条

本公约以英文、法文、俄文和西班牙文制定，四种文本同一作准。

第十九条

1. 本公约须经联合国教育、科学及文化组织会员国按各国宪法程序批准或接受。

2. 批准书或接受书，应交存联合国教育、科学及文化组织总干事。

第二十条

1. 本公约应开放给非联合国教育、科学及文化组织成员但经本组织执行局邀请加入本公约的所有国家加入。

2. 加入应以加入书交存联合国教育、科学及文化组织总干事为之。

第二十一条

本公约应自第三份批准书、接受书或加入书交存之日起三个月后开始生效，但这只对那些在该日或该日之前业已交存其各自的批准书、接受书或加入书的国家生效。对于任何其他国家，本公约则应自其批准书、接受书或加入书交存之日起三个月后开始生效。

第二十二条

本公约缔约国承认，本公约不仅适用于其本国领土，而且也适用于在国际关系上由其负责的一切领土：如有必要，缔约国须在批准、接受或加入之时或以前与这些领土的政府或其他主管当局进行磋商，以便保证本公约在这些领土的适用，并将本公约适用的领土通知联合国教育、科学及文化组织总干事，该通知在收到之日起三个月后生效。

第二十三条

1. 本公约之每一缔约国可以代表本国或代表由其负责国际关系的任何领土退出本公约。

2. 退约须以书面文件通知，该退约书交存联合国教育、科学及文化组织总干事处。

3. 退约在收到退约书后十二个月生效。

第二十四条

联合国教育、科学及文化组织总干事须将第十九条和二十条中规定的有关批准书、接受书和加入书的交存情况以及第二十二条和第二十三条分别规定的通知和退约告知本组织会员国、第二十条中所述的非本组织会员的国家以及联合国。

第二十五条

1. 本公约可经联合国教育、科学及文化组织大会予以修正。任何此类修正只对修正公约的缔约国具有约束力。

2. 如大会通过一项全面或部分地修正本公约的新公约，则除非新公约另有规定，本公约在新的修正公约生效之日起停止一切批准、接受或加入。

第二十六条

经联合国教育、科学及文化组织总干事的要求，本公约应按照《联合国宪章》第一百零二条的规定在联合国秘书处登记。

1970 年 11 月 17 日订于巴黎。两个正式文本均有大会第十六届会议主席和联合国教育、科学及文化组织总干事的签名，将交存于联合国教育、科学及文化组织的档案库中。验证无误之副本将分送第十九条到第二十条所述之所有国家和联合国。

中华人民共和国文物保护法

（1982 年 11 月，节选）

第一章　总　则

第一条　为了加强国家对文物的保护，有利于开展科学研究工作，继承我国优秀的历史文化遗产，进行爱因主义和革命传统教育，建设社会主义精神文明，特制定本法。

第二条　在中华人民共和国境内，下列具有历史、艺术、科学价值的文物，受国家保护：

（一）具有历史、艺术、科学价值的古文化遗址、古墓葬、古建筑、石窟寺和石刻；

（二）与重大历史事件、革命运动和著名人物有关的，具有重要纪念意义、教育意义和史料价值的建筑物、遗址、纪念物；

（三）历史上各时代珍贵的艺术品、工艺美术品；

（四）重要的革命文献资料以及具有历史、艺术、科学价值的手稿、古旧图书资料等；

（五）反映历史上各时代、各民族社会制度、社会生产、社会生活的代表性实物。文物鉴定的标准和办法由国家文化行政管理部门制定，并报国务院批准。具有科学价值的古脊椎动物化石和古人类化石同文物一样受国家的保护。

第三条　国家文化行政管理部门主管全国文物工作。地方各级人民政府保护本行政区域内的文物。各省、自治区、直辖市和文物较多的自治州、县、自治县、市可以设立文物保护管理机构，管理本行政区域内的文物工作。一切机关、组织和个人都有保护国家文物的义务。

第四条　中华人民共和国境内地下、内水和领海守遗存的一切文物，属于国家所有。古文化遗址、古墓葬、石窟寺属于国家所有。国家指定保护的纪念建筑物、古建筑、石刻等，除国家另有规定的以外，属于国家所有。国家机关、部队、全民所有制企业、事业组织收藏的文物。属于国家所有。

第五条　属于集体所有和私人所有的纪念建筑物、古建筑和传世文物，其所有权受国家法律的保护。文物的所有者必须遵守国家有关保护管理文物的规定。

第六条　文物保护管理经费分别列入中央和地方的财政预算。

……

第六章　文物出境

第二十七条　文物出品和个人携带文物出境，都必须事先向海关申报，经国家文化行政管理部门指定的省、自治区、直辖市文化行政管理部门进行鉴定，并发给许可出口凭证。文物出境必须从指定口岸运出。经鉴定不能出境的文物，国家可以征购。

第二十八条　具有重要历史、艺术、科学价值的文物，除经国务院批被运往国外展览的以外，一律禁止出境。

……

第八章　附　则

第三十二条　国家文化行政管理部门根据本法制定实施细则，报国务院批准施行。文物的复制、拓印、拍摄等管理办法由国家文化行政管理部门制定。

第三十三条　本法自公布之日起施行。1961 年国务院颁发的《文物保护管理暂行条例》即行废止。其他有关文物保护管理的规定，凡与本法相抵触的，以本法为准。

中华人民共和国国家文物局与秘鲁共和国文化部关于在文化遗产保护、保存及归还和博物馆发展领域的合作与培训的谅解备忘录

（2011 年 4 月）

中华人民共和国国家文物局与秘鲁共和国文化部（以下简称双方）：

本着进一步加强与发展两国之间的友好合作关系的愿望，决定促进在文化遗产保护、保存及归还和博物馆发展领域的有效合作；

与 1986 年 11 月 4 日两国政府签署的文化协定和 2000 年 3 月 30 日签署、2002 年开始生效的《中华人民共和国政府和秘鲁共和国政府保护和收复文化财产协定》一致。

达成谅解如下：

第一条　双方支持专家培训及交流领域的合作，鼓励联合举办工作室和研究班，帮助并推动在文化遗产保护、保存及归还方面的成功经验的交流。

第二条　双方鼓励通过双方各相应职权机构之间签署的展品借用协议来举办文物展览，并通过协议来明确办展细节。

第三条　双方每年通过外交渠道互相通报各自政府下拨的可用于共同培训项目的年度资金预算。

第四条　双方将推动开展文物保护及修复领域的培训项目，特别是针对泥土、石料材质的墓碑。

第五条　双方鼓励通过对考古地区，特别是世界遗产地的总体规划，开展文化遗产旅游地管理的培训项目。

第六条　双方将推动开展可移动文物，特别是瓷器、金属制品和木制品保存及修复的博物馆技术培训项目。

第七条　双方将在 2002 年《中华人民共和国政府和秘鲁共和国政府保护和收复文化财产协定》的框架下，支持开展针对文化财产掠夺贩运的保护政策经验交流的培训项目。

第八条　为有效实施及跟踪该谅解备忘录的项目，双方一致商定，通过外交渠道，制定一个一年两次的工作计划，包括关于每个项目的主题、实施方法、拟开展时间、参与者、资金细节等事宜。为此，双方将每半年轮流在两国举办并由各自指定代表参加的工作会议。

第九条　本备忘录自签署之日起生效，除一方至少提前六个月通知另一方终止本谅解备忘录外，将永久有效。

本备忘录于 2011 年 4 月 28 日在北京签署，一式两份，每份均用中文和西班牙语书就两种文本同等作准。如对文本的解释发生分歧，双方将通过友好协商解决。

中华人民共和国政府与美利坚合众国政府对旧石器时代到唐末的归类考古材料以及至少 250 年以上的古迹雕塑和壁上艺术实施进口限制的谅解备忘录

（2014 年 1 月）

中华人民共和国政府与美利坚合众国政府（以下简称"双方"），根据两国作为缔约国所加入的联合国教科文组织 1970 年《关于禁止和防止非法进出口文化财产和非法转让其所有权的方法的公约》，希望减少针对体现中国丰富文化遗产、不可替代的考古材料的掠夺行径之诱因，以及 2009 年 1 月 14 日于美国华盛顿签署，并于 2014 年 1 月 6 日和 8 日于北京互换照会确定修订并顺延的《中华人民共和国政府与美利坚合众国政府对旧石器时代到唐末的归类考古材料以及至少 250 年以上的古迹雕塑和壁上艺术实施进口限制的谅解备忘录》（以下简称"此前的谅解备忘录"），达成协议如下：

第一条

一、美利坚合众国政府将根据其法律《文化财产公约实施法案》，对从旧石器时代到唐代结束（公元 907 年）的源于中国并代表中国文化遗产的考古材料和迄此前的谅解备忘录生效之日（2009 年 1 月 14 日）至少 250 年以上的古迹雕塑和壁上艺术进入美国实施进口限制，但中华人民共和国政府签发许可或其他证件证明这种出口不违反中国法律的除外。这些材料包括将由美国政府公布的清单（以下称为"指定清单"）上所列的各类金属物、陶瓷、石材、纺织品、其他有机物质、玻璃和绘画。此谅解备忘录中所指的受限制的旧石器时代文物大约追溯至公元前 75000 年。

二、这些限制措施已根据此前的谅解备忘录自指定清单在《美国联邦公报》公布之日（2009 年 1 月 16 日）起生效，并将根据本谅解备忘录第四条内容继续生效。《美国联邦公报》是提供公正公告的美国政府官方出版物。

三、美利坚合众国政府所没收的指定清单上的文物和材料，将提议返还中华人民共和国政府。

第二条

一、两国政府均将公布此谅解备忘录并说明签署的理由。

二、中华人民共和国政府将继续尽最大努力保存并与美利坚合众国政府分享非法盗掘、文物盗窃、文物非法贩运以及其他危害中国文化遗产的行为等方面的信息。

三、中华人民共和国政府将继续尽最大努力，采取与联合国教科文组织1970年《关于禁止和防止非法进出口文化财产和非法转让其所有权的方法的公约》保持一致的措施，对其文化遗产实施保护。为了有助于上述努力，美利坚合众国政府将尽最大努力，在公共和/或私营领域现有的合作计划内，向中华人民共和国政府提供技术援助。

四、中华人民共和国政府将尽最大努力，与中国考古材料的其他主要进口国家接触合作，阻止对其文物的严重掠夺行径。

五、两国政府将尽最大努力，鼓励以文化、教育和科学为目的的考古材料方面的进一步交流，包括长期借展项目，以使得更多公众能够欣赏和接触中国丰富的文化遗产。

六、两国政府将努力向对方提供各自在执行本谅解备忘录方面所采取的措施。

第三条

本谅解备忘录规定的两国政府的义务以及所开展的活动，受各自法律法规的约束，包括可用的拨付资金。

第四条

一、本谅解备忘录将于2019年1月14日生效。一经生效，将替代此前的谅解备忘录，有效期五年，除非续签。

二、本谅解备忘录可以双方书面同意的形式续签或修订。

三、中华人民共和国政府和美利坚合众国政府将在五年有效期期满前，审议本谅解备忘录的效果，以确定是否续签。

四、本谅解备忘录到期之前，任何一方均可通过外交途径，以书面形式通知对方欲终止本谅解备忘录之意图。在此情况下，本谅解备忘录的终止将在通知之日起的六个月后生效。

本谅解备忘录于2019年1月10日在北京签署，一式两份，每份均以中文和英文写成，两种文本同等作准。

关于保护和返还非法出境的
被盗掘文化财产的敦煌宣言

（2014 年 9 月）

2014 年 9 月 9 日至 11 日，参加在中国敦煌举行的第四届文化财产返还国际专家会议的全体与会者：

感谢中国国家文物局组织、主办第四届文化财产返还国际专家会议；

确认文化财产返还国际专家会议已经成为定期举办的国际论坛，为国际社会提供宝贵的机会，分享文化财产返还与打击文化财产贩运的经验、知识与理念；

回顾与文化财产返还有关的国际性和区域性法律文件及各国国内立法，认识到返还文物的重要性，包括这些法律文件无法适用的情况；

认识到防止与打击文化财产贩运需要在国际层面开展合作；

确认考古类文化遗产对于了解人类文明的历史及身份认同至关重要；

谴责世界上正在发生的冲突局势对考古类文物造成的破坏与劫掠；

认识到盗掘是文物犯罪中最难应对的一类，其危害性不仅在于盗窃了重要的考古类文物，还在于这一行径将破坏整个考古遗址的完整性与重要性，使得世界各国及各民族失去了理解与鉴赏这些无可替代的文化遗产的机会；

对现有国际法与相关国家的国内法无法为遭盗掘后非法出境的文化财产的返还提供坚实的法律保障而深感忧虑；

确信遭盗掘后非法出境的文化财产的返还，除了适用相关国际条约所确立的规则，还应当受到充分考虑此类文物基本属性与特征的国际习惯法与道义规则的规制；

认为国际道义规则虽然可能不具法律约束力，但应鼓励世界各国尽最大可能遵守之，以保护考古类文化财产免遭盗掘；

欢迎联合国大会通过《关于归还与返还文化财产》的 67/80 号联大决议、《关于加强刑事司法应对防止文化财产贩运等犯罪与保护文化财产》的第 66/180 与 68/186 号决议，以及联合国经社理事会（ESCOSOC）通过《关于打击文化财产贩运及其他相关违法行为的犯罪预防与刑事司法应对国际准则》的第 2014/20 号决议并将之提交联合国大会批准；

注意到政府间促进文物返还委员会（ICPRCP）制定的《调解与仲裁程序规则》以及国际博物馆协会制定的相关规则；

忆及联合国教科文组织制定的《文化财产交易商国际准则》与国际博物馆协会制定的《博物馆道德准则》；

热烈欢迎联合国教科文组织 1970 年公约成员国附属委员会第二次特别会议于 2014 年 7 月以协商一致的方式通过《1970 年公约操作指南》并将之提交 1970 年公约第三届成员国大会批准。

提出以下建议：

1. 鼓励各国加入联合国教科文组织 1970 年公约以及其他有关国际文件，特别是国际统一私法协会 1995 年公约。

2. 鼓励各国确保其国内法与《适用于考古发掘的国际原则的建议》（1956）和《未发掘文化财产的国家所有权的示范条款》（2011）相一致。

3. 各国应认识到，不能将当地居民或由当地人组成的犯罪团伙参与盗掘和掠夺考古遗迹这一问题，与当地所处的社会经济大环境割裂开来。为了保护已知的考古遗迹免遭盗掘与掠夺，各国应以适当的方式鼓励当地居民参与文化遗产保护。鼓励各国唤起当地居民的文化遗产保护意识，并使其认识到，通过文化旅游等方式保护文化遗产所带来的潜在、长远经济利益会超过盗掘带来的短期、有限的经济利益。

4. 各国应当采取一切必要且具有可行性的措施，确保所有与发掘和考古发现相关的信息在有关科学出版物上得到最及时与最完整的发布，并将之及时、完整的录入受保护文化财产的国家清册中。

5. 在受保护文化财产国家清册的基础上，各国建立并更新出境将造成国家文化资源枯竭的重要文物清册时，应当充分考虑到考古类文物的特有属性。由于此类文物通常没有记录备案，一旦离开原地，鉴定和证明其为盗掘物异常困难，所以，各国可依据区域、年代或其他任何适当的、可参照的考古信息（如有必要，加上描述性说明）所建立的分类体系，将上述文物纳入国家文物清册。

6. 鼓励各国建立可自由、便捷访问的被盗文化财产国家数据库，并将国家数据库与国际数据库相链接，特别是国际刑警组织的被盗艺术品数据库。

7. 各国应采取一切必要措施防止被盗掘的文物出境。鼓励各国禁止未持原属国主管部门颁发的出境许可证或未获其批准的文物入境，并对被盗掘文物的非法出入境负有责任的个人施以刑罚或行政处罚。

8. 鼓励各国成立专门机构负责其文化遗产的保护，包括专门的警察部门。

9. 各国应采取适当措施防止博物馆、藏家和其他个人及法人获取疑似遭盗掘的或虽经合法出土但却非法取得的文物，并尽可能地通过教育、信息、警戒和合作等手段，对疑似遭盗掘的或虽经合法出土但却非法取得的文物，限制其流通。

10. 各国应相互协助，以确保或促进遭盗掘后非法出境的文物得以返还。鉴于考古类文物的特点导致其难以录入国家清册，亦难以对之取证，大力鼓励各国依据科学报告、科学分析结论或专家对盗掘文物来源所做的鉴定，支持对考古类文物提出的返还请求。

11. 对于分布于数个国家的同一个文化的考古遗存，相关国家应考虑采取联合行动对流失文物进行追索。大力鼓励各国积极考虑此类合作。

12. 各国可适用国际统一司法协会 1995 年公约确立的合理慎重标准确定补偿事宜。

13. 对具有突出历史、考古或文化价值的文物提出的超过其国内诉讼时效的返还请求，鼓励各国予以支持。

14. 为了加强国际合作并促成遭盗掘考古类文物的返还，鼓励各国在平等、互惠与相互理解的原则下缔结双边或多边协定。

15. 鼓励各国政府与大学及研究机构密切协作，就被盗非法出境文物的保护与返还进行学术研究，开展针对法官、检察官、海关人员、警察、博物馆、文物商及其他相关人员的能力建设与培训项目。

后记

　　为贯彻落实习近平总书记等中央领导同志关于流失文物追索的重要指示批示精神，隆重庆祝中华人民共和国成立七十周年，2019 年 9 月至 11 月，文化和旅游部、国家文物局在中国国家博物馆举办"回归之路——新中国成立七十周年流失文物回归成果展"，全景式回顾中华人民共和国成立以来流失文物回归工作的光辉实践与丰硕成果，获得海内外公众广泛关注与热烈反响。

　　很少有命题像流失文物一样，涉及如此复杂的历史、政治、文化、外交因素，又如此紧紧牵动着亿万中华儿女的心弦。站在中华人民共和国成立七十周年的重大历史节点上，抚今视昔，总结呈现文物回归的成就，可谓正当其时。为做好展览筹备工作，国家文物局组织专门力量，系统梳理中华人民共和国以来流失文物回归工作历程，全面汇集 15 余万件回归文物的详细信息，最终择选 25 个最具代表性的案例、600 余件价值最为珍贵的文物，搭建了一条绵延恢宏的文物回归之路，使广大观众能够从这一独特的视角，感受中华民族从站起来、富起来到强起来的伟大历史进程。

　　"回归之路"展览对于每一个参与其中的人而言，都意味着信任与荣誉、职责与坚守、感动与洗礼。过去几个月的时间里，我们一起创造和经历了一场毕生难忘的旅程。在此，国家文物局衷心感谢展览承办单位中国文物交流中心、中国国家博物馆的辛勤付出，让展览从文本构思成为现实图景；感谢故宫博物院、国家图书馆等协办单位和全国文物系统的鼎力支持，让文物跨越时空汇聚一堂；感谢广大观众和海内外公众对展览的关注热爱，为流失文物回归祖国增添新的力量。

　　追时光以为轴，集往事以成章，缀珍宝以言志，启前路以欣望。"回归之路"展览闭幕不是终点，而是流失文物回归工作的新的里程碑，我们将站在新的起点上，共同期待流失文物回归事业的新征程。

编　者

2019 年 12 月

图书在版编目（CIP）数据

回归之路 : 新中国成立七十周年流失文物回归成果展 / 国家文物局编 . --
北京 : 文物出版社 , 2019.12
ISBN 978-7-5010-6496-0

Ⅰ . ①回… Ⅱ . ①国… Ⅲ . ①文物－中国－图集 Ⅳ . ① K870.2

中国版本图书馆 CIP 数据核字 (2019) 第 281300 号

回歸之路

新中国成立七十周年流失文物回归成果展

编　　者	国家文物局
责任编辑	王　戈
责任印制	张　丽
装帧设计	雅昌设计中心 · 北京
出版发行	文物出版社
地　　址	北京市东直门内北小街 2 号楼
邮　　编	100007
网　　址	www.wenwu.com
邮　　箱	web@wemwu.com
印　　刷	北京雅昌艺术印刷有限公司
经　　销	新华书店
开　　本	635×965mm　1/8
印　　张	35.5
版　　次	2019 年 12 月第 1 版
印　　次	2019 年 12 月第 1 次印刷
书　　号	ISBN 978-7-5010-6496-0
定　　价	480.00 元